L. NOTTIN
Curé-Archiprêtre
de Vitry-le-François

VITRY - LE - FRANÇOIS

pendant la Bataille de la Marne

Occupation de la Ville

Par les Allemands

5-11 Septembre 1914

"Mon CARNET de GUERRE"

VITRY-LE-FRANÇOIS
IMPRIMERIE CENTRALE, PETITE RUE DE FRIGNICOURT, 21

1917

AVANT-PROPOS

Cédant aux sollicitations réitérées de mes Paroissiens, je me décidais, après un an écoulé depuis la bataille de la Marne, à commencer, dans le Bulletin Paroissial, le récit de ce qui s'est passé à Vitry-le-François, du 5 au 11 Septembre 1914.

De mois en mois le récit dura jusqu'en Décembre 1916.

On m'a demandé de réunir en une plaquette les fragments de ce récit.

C'est fait. A part d'insignifiantes modifications dans la forme, voici tel qu'il a paru dans le Bulletin

" MON CARNET DE GUERRE "

Brusquement il commence à l'arrivée des Allemands à Vitry, le 5 Septembre.

Il s'arrête à la reprise de possession de Vitry par l'armée française, le 11 Septembre.

J'aurais pu essayer de dépeindre la physionomie de la Ville et de dire mes efforts — trop peu secondés — pour calmer la panique, les jours qui précédèrent l'invasion.

J'aurais pu prolonger le récit au moins jusqu'à la fin de Septembre 1914 ; et peut-être ces dernières pages n'auraient-elles pas été les moins intéressantes.

Mais tant que durera la guerre, j'ai des raisons très sérieuses de m'en tenir à ce que j'ai dit dans le Bulletin Paroissial.

On nous a dit : vous avez sauvé la ville.

Nous n'avons jamais eu aucune prétention ni au rôle ni au titre de sauveurs

Que serait il arrivé si nous n'avions pas été là ? Dieu seul le sait.

Mais la Ville de Vitry s'honore en témoignant sa reconnaissance aux otages qui, avec moi, ont risqué leur vie, et à tous ceux qui, autour de nous, se sont dévoués pour la sauve-garde de ses intérêts.

Quant à moi personnellement, vous savez bien, n'est-ce pas ? que c'est mon affection pour vous qui, après le souci de faire la volonté de Dieu, a été mon soutien, ma force en ces jours tragiques.

Quelques-uns. me dit-on, de ceux qui, obéissant à d'autres sentiments, ont fui le danger, nous ont prêté des intentions et un rôle plutôt odieux.

Je laisse dire. Serai-je forcé, après la guerre, de publier les notes que j'ai prises, au jour le jour, du 11 Septembre au mois de Novembre et au delà ?

Loyalement je déclare que j'en serais désolé.

Mais, après tout, il n'y aurait pour le regretter que ceux qui m'y auraient contraint.

L. N.

"Mon Carnet de Guerre"

5 Septembre 1914

L'ARRIVÉE
DES ALLEMANDS

JE vous ai promis la relation exacte et complète des faits principaux qui ont marqué, pour nous, à Vitry, les jours tragiques de l'invasion. La voici telle que je la trouve dans les notes jetées à la hâte, et parfois à la dérobée, sur le carnet que j'appellerais volontiers mon **Carnet de Guerre.**

A 1 h. 1/2 du matin, le samedi 5 septembre, j'assiste au départ du dernier train dans la direction de Chaumont.

Une foule que j'évalue à deux ou trois cents personnes le prend d'assaut.

La veille, dans l'après-midi, j'ai demandé aux Sœurs de Charité de parcourir la ville et de porter, avec des paroles d'encouragement, le conseil de rester.

Je les avais chargées de se rendre compte, en même temps, du nombre d'habitants qui se trouvaient encore dans la ville.

Le soir, sur leurs indications, je constate qu'il ne reste guère que 1.200 personnes.

Et profondément triste, en revenant de la gare, vers 2 heures du matin, je disais à M. l'abbé Courtaux : « En évaluant à 200 le nombre de ceux qui, cette nuit, ont fui, à pied ou en voiture, voici la population réduite à sept ou huit cents personnes. »

Vers 10 heures, on m'avertit qu'un magasin d'épicerie, sur la Place, est livré au pillage.

Je cours. Ce n'était que trop vrai...

Je me précipite vers la demeure de M. le Maire pour réclamer son intervention et empêcher d'autres pillages.

Il reste la seule autorité puisque le Commandant d'armes, sur ordre, est parti.

En vain je sonne... On m'avait bien dit que, dans la nuit, M. le Maire avait disparu. Je ne voulais pas le croire.

Je dus me rendre à l'évidence.

A la suite, agents de police et employés sont partis.

Autour de moi on s'affole : qu'allons-nous devenir ? Si les Allemands ne trouvent aucune autorité pour traiter avec eux, ne vont-ils pas, comme en tant d'autres pays, se livrer aux pires excès : pillage, incendie, tuerie ?

Vite, il faut organiser une Commission qui prenne en main la défense, dans la mesure du possible, des intérêts de la Ville.

Au Presbytère, à midi, est rédigé un appel aux électeurs restés à Vitry.

A défaut du tambour, un porteur de journaux annonce qu'il y aura, à 2 heures, réunion, à l'Hôtel-de-Ville, des électeurs encore présents à Vitry.

Ils viennent une centaine environ.

J'expose la situation lamentable créée par la disparition de toute autorité...

Ne nous attardons à aucune récrimination... à l'œuvre !

Une réunion publique est organisée.

Une *Commission* de 12 Membres est nommée :

MM. AUBERT. Instituteur en retraite ;
BERNA, Chef de l'Exploitation de la Compagnie du Halage du Nord-Est ;
BLIN, ancien Commissaire-Priseur ;
CLAUDON, ancien Employé ;
DOUMERC. Négociant ;
FIERFORT, ancien Notaire ;
FOUREUR, Directeur de l'Ecole publique de Garçons ;
DU MESNIL, Avoué ;
NOTTIN. Archiprêtre ;
PAILLARD, Négociant ;
ROUY, Minotier ;
TARCHER, Négociant.

La Commission entre en séance et nomme immédiatement son Bureau :

Président : M. PAILLARD ;
Vice-Président : M. BLIN ;
 » » M. DU MESNIL ;
Secrétaire : M. AUBERT ;
Vice-Secrétaire : M. FOUREUR.

L'Asemblée se dissout après qu'au nom de la Commission dont je fais partie j'eus protesté, auprès de son Président, de notre dévouement jusqu'à la mort.

La Commission délibère. Ses membres divisés en quatre sections se partagent les services :

— Secours aux blessés. — H giène et voirie.
— Subsistance, secours aux indigents. —
Mesures destinées au maintien de l'ordre.

La bataille engagée au nord et à l'est de Vitry
fait rage.

Des obus tombent et éclatent jusqu'à l'entrée
des faubourgs.

La délibération continue quand même.

Les résolutions les plus urgentes sont prises
pour la remise en marche de l'usine des eaux
— l'enfouissement des chevaux morts dans les
rues — l'enlèvement de détritus infects, à l'abat-
toir municipal — le nettoyage de l'hôpital. aban-
donné dans un état déplorable — l'alimentation
des habitants demeurés dans la ville, etc. etc...

Pendant la séance, un lieutenant d'infanterie
coloniale se présente, requérant des véhicules
pour transporter les blessés de son régiment

Immédiatement, des hommes dévoués, M.
l'abbé Courtaux en tête, se rendent sur le champ
de bataille, vers la Saulx, à la recherche des
blessés et des mourants.

A 5 heures, la séance est levée.

Nos soldats battent en retraite.

Les blessés tombent dans nos rues, épuisés.
perdant leur sang par d horribles blessures.

Les Sœurs de Charité, aidées de quelques
personnes dévouées, font, au passage. les pansements nécessaires et possibles.

Les mourants, nous les gardons à l'hôpital
que je fais ouvrir, malgré l'impitoyable
consigne donnée par ceux qui l'avaient aban-

donné de n'ouvrir à personne. J'y fais entrer les Sœurs de Charité. Mais pas un médecin. Pas un pharmacien.

A l'hôpital plus rien, rien.

Détail navrant : je dus ramasser, chez moi et chez les Sœurs de Charité, le peu qui restait de nourriture de la journée, pour le faire porter à l'hôpital.

Mais pour la nuit il fallait à la charité et au dévouement du renfort.

-J'envoie M. l'abbé Courtaux chercher Sœur Blandine. Elle accourt. « C'est au poste du dévouement que je vous appelle, lui dis-je, à la mort peut-être que je vous envoie. »

Son bon sourire me répond : Qu'importe ! Tant mieux !

A peine nos derniers soldats avaient-ils disparu par le faubourg de Saint-Dizier que nous entendons de frénétiques hourras du côté du faubourg de Châlons.

Ce sont les Allemands !

Prudemment leurs patrouilles occupent toutes les issues de la ville.

La canonnade s'est calmée.

Je fais remonter des caves de l'église toutes les personnes qui y avaient cherché un refuge, en leur recommandant de retourner vite dans leurs maisons pour les préserver du pillage.

Et nous attendons... Quelle attente !

A 9 heures 1/2, une patrouille composée d'une trentaine de soldats et commandée par deux officiers, se dirige vers l'Hôtel-de-Ville.

La Commission avait décidé de laisser ouverte la porte de l'Hôtel-de-Ville, mais de faire défaut pour ne pas laisser croire aux Allemands qu'elle constituait la représentation *officielle* de la cité et exposer ainsi inutilement ses membres à des risques qui, *pour eux*, n'étaient pas un *devoir*...

Les Allemands — j'étais à ma fenêtre, au 1ᵉ étage, suivant tous leurs mouvements — entrent, appellent, crient, sortent, et, distinctement, j'entends : « *Où est la demeure de M. le Curé ?* »

Ils s'adressaient à une femme qui, toute tremblante, avait dû, sur leur brutale injonction, les guider vers l'Hôtel-de-Ville et à qui déjà ils avaient demandé si elle connaissait la demeure de M. le Curé.

Immédiatement je descends de mon observatoire.

Ce que j'avais prévu arrivait : j'allais être arrêté et pris comme otage.

Déjà les Allemands, de la crosse de leurs fusils, heurtaient à la porte.

C'est M. l'abbé Courtaux qui ouvre.

Je me présente.

L'ARRESTATION
DES OTAGES

Très poliment, en fort bon français, un jeune lieutenant, au nom du commandant dont il est l'interprète me dit : « J'ai le regret de vous arrêter c'... ce Monsieur, qui est-il ? »

— « C'est mon vicaire ».

— « Et votre vicaire ».

Je proteste : « De quel droit m'arrêtez-vous ?
Et à quel titre ? »

— « En l'absence du bourgmestre et de toute
« autre autorité, il nous faut des " *garants* " qui
« répondent sur leur vie de la tranquillité de la
« population. Vous n'êtes nullement en danger,
« continue-t-il, et vous serez respectés. Mais s'il
« est commis un seul acte contre nos soldats,
« vous serez immédiatement fusillés ».

Je gardai mon sang-froid.

— « C'est cela, répliquai-je, la perspective est
« vraiment rassurante. A la moindre imprudence,
« peut-être provoquée par l'un de vos soldats et
« qu'il m'est d'ailleurs impossible de prévenir
« et d'empêcher, puisque me voici prisonnier,
« nous serons *immédiatement fusillés, et nous*
« *ne courons aucun danger !* »

« En tout cas, l'autorité civile s'étant dérobée
« à ses responsabilités, nous en subirons les consé-
« quences avec la fierté du devoir accompli ».

Et sur ce, nous sommes emmenés, M. Courtaux et moi.

A peine la porte fermée, sur le trottoir :
« Veuillez, me dit le jeune lieutenant, nous dé-
« signer deux *notables* de la ville, car ce n'est
« pas deux seulement, c'est quatre *garants* qu'il
« nous faut ».

— « Oh ! cela, jamais ! » répondis-je.

— « Il le faudra bien ! »

— « Non, jamais ! Comment vous ne sentez

« pas tout ce qu'il y a d'odieux dans cette injonc-
« tion ! Moi, curé, je désignerais à vos coups deux
« de mes paroissiens, de mes amis ? C'est hor-
« rible ce que vous me demandez-là ; n'insistez-
« pas ».

— « Il le faudra bien. Venez ».

Et, entourés par les soldats, nous sommes
amenés au Café des Oiseaux.

Là se trouvait un officier supérieur à qui le
lieutenant dit ma résistance.

L'officier — commandant ? colonel ? je ne sais
pas — me répète l'injonction d'avoir à désigner
deux autres otages.

— « Non, je ne le ferai pas. Seulement, puis-
« qu'il me faut subir la force, voici ce que je vous
« propose : éloignez tout cet appareil militaire
« terrifiant, ordonnez aux deux officiers qui m'ont
« arrêté de m'accompagner avec deux soldats,
« quatre au plus. Et alors, *c'est moi*, qui irai ré-
« veiller deux de mes amis et leur demander ce
« témoignage d'affection de venir passer la nuit
« près de moi ».

Les officiers s'écartent un instant, se consul-
tent, et finalement le chef revient à moi et me
dit ; « Il sera fait comme vous le désirez :
conduisez !

Mon cœur me conduisit droit chez M. Paillard-
Metty.

Mais comme il battait mon cœur... Je sentais
que j'allais en réquisition d'héroïsme. Tant
d'otages déjà, depuis un mois, étaient tombés
sous les balles !

Moins tragique, grâce à Dieu, devait être, pour nous, l'issue de l'affaire.

Il était 10 heures du soir. Le commandant allemand à droite, le lieutenant à gauche, et, derrière, 4 soldats, fusil au bras, sous garde sérieuse, vous le voyez, je me dirige du Café des Oiseaux vers la rue du Mouton, en traversant la place déjà encombrée de soldats harassés qui s'étendent.

Nuit calme, splendide, éclairée par la lune en son plein.

Plusieurs devantures de magasins de la rue de Frignicourt ont déjà été défoncées. Les soldats pillent.

Au moment de m'engager dans la rue du Mouton j'aperçois, en face de la maison de M. Cosquin, un groupe de cavaliers qui crient, vocifèrent, heurtent à la porte ; et l'un d'eux, s'armant de sa lance, la pousse violemment dans les persiennes closes.

Inconscient du danger que je courais, j'échappe à mes gardiens et je me précipite : « Pourquoi « brisez-vous ces fenêtres ? Les habitants « de cette maison ne l'ont pas abandonnée. « Sonnez. On vous ouvrira ».

Je sonnai moi-même ; et je sus ensuite qu'on vint ouvrir.

Déjà j'étais à la porte de l'Hôtel de la Cloche, suivi à distance par mes gardiens que mon inconscience du danger amusait sans doute.

Les vitres de la porte d'entrée volaient en éclats, et, ici encore, grand vacarme.

Je crie : « Pourquoi voulez-vous enfoncer « cette porte ? Il y a quelqu'un dans la maison. « Sonnez. Attendez ». Et j'appelle, je crie : « Vite, « ouvrez ! »

Une femme se présente qui se rassure en me voyant.

— « Que voulez-vous ? » dis-je aux Allemands.

— « Des écuries pour nos chevaux ! »

— « Mais il fait si bon temps, si belle nuit ! « Vos chevaux peuvent rester dehors ».

— « C'est pour les chevaux des officiers de la Division ».

— « Combien en avez-vous à loger ? »

— « Quarante ! »

— « Eh bien vous trouverer ici ce qu'il vous faut ».

Comment mes gardiens me laissèrent-ils pénétrer dans l'hôtel pour indiquer les écuries qui se trouvent au fond ?

Ils se rendaient compte sans doute que, l'eussè-je voulu, il m'était bien impossible de m'échapper. Le flot des Allemands avait déjà tout envahi.

Et c'est à travers ce flot que, reprenant conscience de ma situation et surtout de l'engagement pris par moi, je me dirigeai vers la demeure de M. Paillard, essayant encore, en passant, d'empêcher un groupe d'Allemands, toujours en quête d'écuries, de défoncer les portes de M. le Commissaire-Priseur.

Arrivé devant la maison de M. Paillard : « C'est ici ! » dis-je aux officiers.

Considérant l'immeuble, dans un mouvement de recul, pour mieux en juger, le lieutenant me dit : « Belle maison ! C'est un notable ». Et répondant à sa préoccupation facile à comprendre : « Oui, n'ayez crainte, je ne vous ai pas trompés ».

Je sonne. Une fenêtre, au premier étage, s'ouvre aussitôt, M. Paillard paraît. Vite je lui dis : « C'est moi, ne vous effrayez pas. Je viens « demander à votre affection un grand service. « Voulez-vous venir passer la nuit près de moi ? »

Et sans la moindre hésitation : « M. le Curé, « je suis à vous : je descends ».

La fenêtre se referme, pas assez vite cependant pour m'épargner une peine cruelle mêlée de remords : j'ai entendu le gémissement que n'a pu retenir près de M. Paillard l'affection qui s'alarme...

Quelque minutes d'attente.

Le lieutenant qui seul parle français, et très bien, ce dont il paraît très fier, veut causer.

Je réponds par monosyllabes.

M. Paillard nous rejoint. Et, tout de suite, après lui avoir dit et mon regret de l'associer au péril et ma reconnaissance pour son empressement à s'y jeter avec moi, je lui confie mon angoisse :

« M. l'abbé Courtaux a été pris comme otage avec moi. Vous êtes le 3e. Mais ils en exigent un 4e... Qui ? »

Et là, dans la rue, nous nous renvoyons la terrible question : « Qui ? »

Plusieurs noms sont prononcés. A aucun nous n'osons nous arrêter.

Les officiers allemands s'impatientent. Il faut aboutir.

« Allons chez M. Berna. » — « Venez », dis-je aux officiers. Et, en allant, nous nous disions :
« Calme et digne, intelligent et courageux, élu,
« tout-à-l'heure, membre de la Commission pro-
« visoire, M. Berna nous aidera à porter l'écra-
« sante responsabilité qui pèse sur nous. Il est
« de caractère assez noble pour nous savoir gré
« des risques extrêmes que nous l'appelons à
« partager »

Entourés de nos geôliers, nous marchions sur le trottoir.

Dans la rue, à rangs pressés, d'un trottoir à l'autre, défilaient, au pas de parade, comme si toute la ville était là pour les admirer, les régiments allemands, sifflant, chantant.

Quel spectacle ! Et, dans nos cœurs, quelle terrifiante impression de la formidable organisation de cette armée en préparation d'invasion depuis plus de 40 ans !

Le matin, ces régiments ont fait 35 kilomètres ; ils se sont battus toute l'après-midi ; et à 10 heures du soir, ils marquent le pas dans nos rues en chantant !

Depuis cinq minutes déjà, une fois, deux fois, trois fois, j'avais sonné à la porte de M. Berna.

Personne ne répondait.

Les Allemands s'impatientaient.

Les soldats heurtaient à la porte à coups de crosse de fusil.

De notre mieux nous calmons leur impatience.

Entre temps le lieutenant me demande si je pourrais lui procurer un peu de pain.

— « Si, tout-à-l'heure, chez moi, vous m'aviez « dit que vous aviez faim, j'aurais pu vous donner « du pain ; mais maintenant, votre prisonnier, où « voulez-vous que j'en trouve ? Cependant atten-« dez, peut-être pourra-t-on vous en donner ici. « On ouvre. »

En effet, M. Berna ouvrait la porte.

En deux mots, je le mets au courant.

J'entends encore sa réponse. Oh ! qu'elle fut douce à mon cœur angoissé ! « M. le Curé, je « vous remercie de la confiance que vous me « témoignez. Donnez-moi deux minutes seule-« ment, j'achève de m'habiller et je reviens. »

Avant de laisser rentrer M. Berna, je lui de-mande : « Ne pourriez-vous pas donner du pain « à ces Allemands qui viennent de m'en de-« mander ? Peut-être nous en sauront-ils quelque « gré. »

M. Berna va chercher un pain de 3 livres.

Le lieutenant en fait 6 parts, l'une pour le commandant, la deuxième pour lui, le reste aux 4 soldats.

Et tous de mordre à belles dents.

M. Berna n'était pas revenu que le pain avait disparu.

Et en route les otages pour le Café des Oiseaux.

LES OTAGES EMPRISONNÉS
AU CAFÉ DES OISEAUX

Nous traversons, en diagonale, la place, en face du portail de l'église.

Elle était couverte de soldats qui dormaient. Nous dûmes enjamber ces hommes immobiles comme des cadavres. Pas un ne fit un mouvement.

En rentrant au Café des Oiseaux nous retrouvâmes l'escorte dont, une demi-heure auparavant, j'avais demandé et obtenu l'éloignement. Elle était commandée par un capitaine qui reçut les otages des mains des deux officiers dont nous venions de calmer la faim.

Il était en train, lui, de calmer sa soif en buvant force rasades de Champagne, au comptoir du Café des Oiseaux.

On nous fit asseoir sur l'une des banquettes accolées contre le vitrail qui prend jour sur la rue Dominé-de-Verzet.

Je pensais retrouver là M. l'abbé Courtaux.

Il n'y était pas.

Je demande au capitaine s'il sait où il se trouve.

— Il me répond qu'il l'ignore.

— Très inquiets nous attendons.

Et, en attendant, nous pouvons constater que nous sommes bien-gardés : en face de nous, deux soldats baïonnette au canon; à la porte, deux autres factionnaires ; à l'entrée du café, une quinzaine de soldats.

Ce luxe de précautions n'était pas pour nous rassurer.

Nous nous communiquions nos impressions plutôt pénibles, quand un officier supérieur se dirige vers nous. Correct, mais rogue, il nous dit en assez bon français : « Vous êtes garants. « Vous savez ce que cela veut dire. Nous ne « faisons pas la guerre aux civils ; nous nous « battons seulement contre vos soldats ; mais « si un seul acte est fait contre nos soldats, vous « serez immédiatement fusillés.. Vous avez « compris ? »

Et le geste soulignait l'hypocrisie de la déclaration, la brutalité de la menace et l'insolence de la question.

Si nous avions compris ? Ah ! certes !...

Simplement je répondis : « Nous n'avons pas « peur... Nous sommes absolument convaincus « que les habitants courageux restés en ville « conserveront le calme, le sang-froid, la dignité « nécessaires ; ils ne commettront aucune im- « prudence ».

L'officier écouta, salua et partit.

Au fond je n'étais pas aussi rassuré que je venais de le dire. Et mes compagnons de captivité partageaient mes craintes.

Nous savions, du moins en partie, et c'était trop déjà, ce qui se passait depuis un mois : les otages fusillés, les villages brûlés, toutes les atrocités commises par les Allemands, sous prétexte de représailles contre les civils absolument innocents des actes d'hostilité qu'on leur reprochait et qui très souvent avaient été commis par les Allemands eux-mêmes, hypocrites et méchants, pour motiver leurs pires attentats.

N'allions-nous pas être victimes de cette sinistre et cynique injustice ?

En aucune de mes retraites je ne fis si pratique préparation à la mort.

Il n'y manqua même pas l'austère et monacal « *Frère, il faut mourir !* »

Car chaque fois que se faisait la relève des factionnaires, c'est-à-dire chaque demi heure, un sous-officier ou un simple soldat se plantait devant nous, et, raide, hautain, nous disait : « *S'il est fait un seul acte contre nos soldats, vous « serez immédiatement fusillés* ».

Cette menace venait d'être proférée pour la 4ᵉ ou 5ᵉ fois. N'y tenant plus je me lève et, les yeux fixés sur le capitaine commandant le poste, je lui dis : « Assez de cette infernale chanson ; « voilà cinq fois que vous en répétez le refrain ; « assez, de grâce ! épargnez vos victimes ».

L'officier s'avance, fixe sur moi ses yeux plutôt étonnés.... Nous nous regardons, silencieux.... Il va reprendre sa place au comptoir ; je reprends la mienne sur la banquette.

Mais le sinistre refrain ne fut plus répété.

Assurément nous n'avions pas affaire à des sauvages comme ceux qui, quelques jours plus tard, matyrisèrent le vénérable doyen de Sompuis.

Un détail qui montre mieux encore que nos

gardiens ne se départirent pas, vis-à-vis de nous, d'une certaine humanité : la soif me dévorait, mes compagnons de captivité en souffraient également. « Eh bien ! leur dis-je en sou-
« riant un peu tristement, je l'avoue, puisque
« nous voici au café, prenons une consomma-
« tion. »

Et sous le regard des Allemands plutôt étonnés, le bon M. Barbier, resté seul à la garde du café envahi, s'empresse de nous servir eau fraîche et vin réconfortant.

Et moi je lui sers, comme remerciement, la parole du bon Maître : « Quiconque donnera à
« boire à l'un de mes disciples, fut-ce le plus
« petit, en vérité je vous le dis, il ne perdra point
« sa récompense. »

Vers 11 heures 1/2, — oh ! quelle consolation, quelle joie dans notre détresse ! — M. l'abbé Courtaux, accompagné d'un cycliste allemand, rentrait au café.

Le capitaine lui désigne sa place près de nous.

Et nos questions se pressent : « D'où venez-
« vous ? Que vous est-il arrivé ? Nous étions, à
« votre sujet, dans une mortelle inquiétude ! »

Rapidement M. l'abbé Courtaux nous raconte qu'il avait été emmené en tête du premier régiment qui était entré dans Vitry, le colonel l'ayant requis pour le guider vers Frignicourt, en passant sur le pont du Passage Supérieur.

Il marchait pressé entre les chevaux des officiers.

Le colonel le harcelait de questions aux-

quellés, sans se laisser intimider, le prisonnier
répondait aussi évasivement que possible.

« Est-il passé aujourd'hui beaucoup d'infan-
« terie ? »

— « Oh ! non ».

— « Beaucoup d'artillerie ? »

— « Je ne crois pas ».

— « Quels régiments ? »

— « Je n'en sais rien ».

— « Les soldats étaient-ils fatigués ? »

— « Pas trop ».

— « De quel côté se dirigeaient-ils ? »

— « Un peu par toutes les routes ».

— « Avez-vous vu beaucoup de blessés ? »

— « Non ». Etc., etc.

Le colonel, après avoir traversé le pont du
chemin de fer, s'arrête et laisse défiler les troupes
vers Frignicourt.

Il déclare à son prisonnier qu'il peut retourner.

— « Pas seul, répond M. l'abbé Courtaux, je
« n'aurais pas fait vingt pas que je serais arrêté
« par vos soldats. Donnez-moi un soldat pour
« m'accompagner ».

Le colonel refuse d'abord. Il finit par céder ;
et M. l'abbé Courtaux, accompagné d'un cycliste,
peut sans être inquiété, revenir à travers la
sinistre inondation dont les flots roulent dans
nos rues.

Et le capitaine commandant le poste qui nous
gardait, continuait, au comptoir. ses exercices,
en compagnie d'officiers qui — nous leur en
savions gré d'ailleurs — avaient beaucoup plus

d'attention pour la gaie liqueur de nos coteaux de Champagne que pour les quatre otages plutôt tristes dans leur coin.

A un moment cependant le capitaine, mis en verve et en belle humeur sans doute par ses copieuses libations, vint à nous et, s'adressant directement à moi, essaya de lier conversation.

Avec un tact exquis il commença par me raconter, en mauvais français, qu'il avait conquis son grade sur le champ de bataille en pleine victoire.

Puis continuant son monologue, il se vanta d'avoir fait de très fortes études à l'Université de Bonn. — « Et vous, M. le Curé, êtes vous venu « faire vos études à Bonn ? »

Décidément l'Allemand triomphait de ma résolution de mutisme.

— « A Bonn ! Et pourquoi serais-je allé à « Bonn ? »

— « Parce que c'est la première école du « monde ! »

Comme je reconnus bien là l'allemand chantant tout-à-l'heure dans nos rues : '' *Deutschland über alles !* '' L'Allemagne au-dessus de tout !

Le fat méritait une douche. Je la lui administrai d'un mot : « La première école ecclésiastique « du monde est à Paris : c'est Saint-Sulpice, et « c'est là que j'ai fait mes études ».

Que dit encore l'allemand ? Je ne l'écoutais plus.

Il me laissa.

* * *

A deux heures du matin, entre dans le Café un officier supérieur qui se dirige vers les otages. Il s'arrête et. s'inclinant devant moi, il me dit : « M. le Curé, veuillez me suivre ».

Et il attend.

Mes compagnons de captivité se désolent : « Où vous emmène-t-on, M. le Curé ? Que vont-« ils faire de vous ? »

— « Quelque imprudent sans doute aura « fourni un prétexte à représailles. La menace « tant de fois faite va s'exécuter : ils vont me « fusiller…. Embrassons-nous. Si je ne reviens « pas, priez pour moi : au revoir au Ciel !…. Si « je me trompe, si, tout-à-l'heure, je vous reviens, « eh bien ! nous nous embrasserons de « nouveau…. Au revoir ! priez pour moi ! »

DEVANT

LE GÉNÉRAL ALLEMAND

Et je suis l'officier.

Une automobile stationnait à la porte du café.

L'officier, sans un mot, d'un geste m'y fait monter.

Il s'assoit à côté de moi.

Et la voiture, contournant la place, s'engage dans la rue de Vaux et roule vers le faubourg de Châlons.

Silence de mort. Hommes et chevaux, encombrant la rue et le faubourg dormaient, les hommes étendus sur le trottoir, les chevaux tête baissée, quelques-uns couchés.

Les sentinelles veillaient. A chaque instant, l'officier jetait le mot de passe où je distinguais les deux mots : " *Excellence, Division* ". Et la voiture ayant à peine ralenti, reprenait son allure.

Nous arrivons à l'extrémité du faubourg de Châlons.

Sur l'ordre de l'officier, la voiture stoppe un peu avant l'Alcazar, en face d'une petite maison assez coquette.

« C'est là, me dit l'officier, descendez ».

Il me précède. La porte de la maison était ouverte. Corridor très sombre. A l'extrémité j'aperçois de la lumière venant d'une salle éclairée.

M'y voici. Et je me trouve en face d'un officier supérieur, jeune encore et de haute stature.

Je compris alors les deux mots entendus tout-à-l'heure : j'étais en face d'un général de *division* à qui les Allemands donnent le titre d' " *Excellence* ".

Je sus plus tard que c'était le général Tulff von Scheppe.

Assis devant une table couverte de cartes et de papiers, il travaillait, buvant du thé.

Derrière lui, sur une petite table susurrait une magnifique théière en cuivre rouge.

A mon arrivée, le général se lève et, sur un ton rassurant : « Monsieur le Curé, me dit-il, je « vous demande pardon de vous déranger. Mais

« le bourgmestre ayant fui, vous êtes la seule
« autorité qui reste. J'ai besoin que vous m'aidiez
« à éviter le pillage de la ville. Veuillez vous
« asseoir ».

Il fait un signe à l'officier qui m'avait amené,
et celui-ci, prenant une tasse, la remplit de thé
et la pose devant moi.

— « Merci, général, c'est aujourd'hui Diman-
« che : il est deux heures du matin ; j'espère que
« vous m'autoriserez à célébrer la Messe : je ne
« dois rien prendre ».

Le général saisit-il toute ma pensée ? comprit-il ma révolte patriotique ? En tout cas, il
prit la tasse et la posa près de la sienne. Avant
la fin de l'entretien elle était vide.

Il commença : « Presque toutes les maisons
« sont abandonnées..... ». Puis, tout-à-coup,
entrant dans une violente colère et changeant de
ton il me crie : « Nous prenez-vous pour des
« sauvages ? Depuis la frontière jusqu'ici tout le
« monde fuit devant nous.... Mais, au moins,
« dans les moindres villages, quand le bourg-
« mestre n'est pas là, il y a quelqu'un pour le
« représenter... Ici, personne ! »

Calme je riposte : « Est-ce ma faute, général ?
« Croyez-vous que je ne suis pas plus humilié
« de la fuite du Maire de Vitry que vous n'êtes
« contrarié, vous, de ne pas le trouver en arri-
« vant ici ? D'ailleurs vous parlez si bien le fran-
« çais que je puis vous croire très au courant
« de nos choses de France. Vous savez donc
« parfaitement bien que les prêtres, chez nous,

« ne participent en rien à la gestion des affaires
« civiles. Que voulez-vous de moi ? A quel titre
« suis-je en ce moment devant nous ?

— « Vous êtes la seule autorité qui reste dans
« la ville, répète le général ; c'est avec vous que
« je dois traiter ; et si vous ne le voulez pas,
« vous me mettez dans la pénible nécessité
« d'ordonner le pillage général de toutes les
« maisons ».

— « Hélas, général, vos soldats ont déjà
« commencé le pillage ».

— Violent, le général réplique : « Non ! ce ne
« sont pas nos soldats qui pillent, ce sont les
« vôtres ».

— « Cependant j'étais tout-à-l'heure dans les
« rues, gardé par vos soldats ; encore ai-je bien
« constaté que les devantures des magasins
« volaient en éclats et que tout était mis au
« pillage ».

— « Non, vous dis-je, mes soldats ne pillent
« pas ! »

Je crus plus prudent de me taire.

Et le général continua : « Il y a beaucoup de
« riches dans cette ville.... »

C'était la menace de la contribution de guerre.

Je me hâtai de répondre : « Peut-être, géné-
« ral. Mais les riches sont partis et vous pensez
« bien qu'ils n'ont pas laissé leurs richesses
« derrière eux. Personnellement je suis pauvre.
« Les quelques " *notables* " qui sont restés.....

Le général m'interrompt : « Ah ! vous dites
« vous-même qu'il y des *notables*, des *riches* ».

« — Non, non, je n'ai pas dit : des *riches* mais
« des *notables* c'est-à-dire des hommes *remar-*
« *quables* par leur valeur morale, par leur cou-
« rage dont témoigne assez leur présence ici.
« J'allais vous dire précisément que ces hommes
« sont des négociants dont tout l'avoir est dans
« le commerce. Pas plus que moi ils ne peuvent
« disposer de la moindre somme. Il nous est
« absolument impossible de donner ce que nous
« n'avons pas ».

Avais-je convaincu le général ? En tout cas,
il n'insista pas. Il allait se montrer d'autant plus
exigeant pour la réquisition en nature.

Ce fut, pendant une demi-heure, une lutte
terrible.

Dès les premiers mots je comprends que le
général veut prendre ici sa revanche.

« Mes hommes ont faim, mes chevaux ont
« faim : il me faut beaucoup, beaucoup de vivres :
« pain, farine, viande, lard, chocolat, sucre, café,
« etc., et, pour les chevaux, foin, avoine. »

« C'est vous qui devez les... — il cherche le
mot, regarde l'officier, toujours debout près de
la porte ; celui-ci lui souffle : *réquisitionner* —
« C'est vous qui devez les réquisitionner. Si,
« pour midi, vous n'avez pas fait cette réquisi-
« tion, vous me mettrez dans la pénible nécessité
« d'ordonner le pillage général de toutes les
« maisons »

Cette menace, au cours de la discussion,
revint quatre ou cinq fois comme le " leitmotiv "
du dramatique duo,

Pour prendre une contenance et me donner le temps de réfléchir, j'épilogue sur un détail.

« Comment voulez-vous que je vous procure
« du foin pour vos chevaux ? Où pourrais-je en
« trouver ? Vous semblez ignorer que vous êtes
« dans une ville. Je ne connais, dans Vitry,
« qu'un cultivateur. D'ailleurs pourquoi exiger
« de nous que nous vous procurions du foin ?
« N'en avez-vous pas en surabondance dans les
« villages que vous occupez ? »

Le général en convint et renonça à la réquisition du foin.

« Mais, insista-t-il, il me faut de l'avoine,
« beaucoup d'avoine ».

J'essayai, pour me dérober, de l'argument qui avait réussi pour le foin. Cela ne prit pas.

« Vous avez ici des marchands de graine. Il y
« a de l'avoine dans leurs magasins. C'est là que
« vous la trouverez ».

En vain je protestai. La terrible menace vint me réduire au silence.

J'ignorais, à ce moment-là, que, dans les magasins militaires, se trouvait une grande quantité d'avoine. Un télégramme ordonnant de la détruire avait été lancé le 4 Septembre. Arrêté dans le désarroi de l'invasion il n'arriva à Vitry que six mois après.

Je m'étonnai, dans la suite, que le général si bien renseigné sur une foule de choses ne l'ait pas été sur ce dépôt d'avoine.

Les Allemands surent bien le trouver d'ailleurs et, dès le lendemain, ils commençaient à l'emporter.

Et l'assaut continua.

— « Vous avez ici beaucoup d'hommes qui se « cachent ! »

A cette attaque à laquelle je ne m'attendais nullement, je vis passer devant mes yeux la vision des horreurs commises, depuis un mois, par les Allemands en Belgique et dans le nord de la France, sous prétexte de coups de fusil tirés par des hommes qui se cachaient.

Aussi, très énergiquement je riposte : « Non, « général, dans la ville, il n'y a pas un seul « homme qui se cache ; j'en réponds ! Tous ceux « qui sont restés ont le courage de se montrer ».

Le général revient sur la réquisition en nature. Il l'exige très considérable. Le produit devra en être amené, par nos propres moyens, à l'Hôtel-de-Ville, *avant midi*.

— « Comment voulez-vous, général, que moi, « curé, qui ne me suis jamais occupé de ces « choses matérielles, je vous procure, en quel- « ques heures, les vivres que vous exigez ? Je ne « dispose d'ailleurs d'aucun moyen de trans- « port ».

— « Comme vous pourrez, mais il le faut. »

— « Mais la plus grande partie de la popula- « tion a disparu ; les maisons sont fermées... »

— « Je vous ordonne de les faire ouvrir et d'y « faire prendre tous les vivres qui s'y trouvent ».

— « Comment ! général, c'est à moi que vous « imposez pareille obligation ? Vous oubliez donc

« qui je suis ? Ne sentez-vous pas tout ce qu'il y a
« de cruel pour moi dans cet ordre ? Vous passez,
« vous, mais, moi je reste : et quelle attitude
« voulez-vous que je prenne vis-à-vis de mes
« paroissiens quand, revenus chez eux, ils sau-
« ront que c'est moi, leur curé, qui ai fait forcer
« leurs portes ? Je vous en prie, épargnez-moi
« cette humiliation et ce supplice ! »

— « Je vous ordonne de faire ouvrir les mai-
« sons, sinon... »

Et toujours la même et épouvantable menace
de pillage.

Je promis. Pour l'exécution j'avais mon idée...

Très pratique le général me demande comment je procèderai pour faire amener à l'Hôtel-
de-Ville le produit de la réquisition.

— « En vérité, je ne le sais pas ».

— « Il faut le savoir et me le dire ».

A cette injonction, une idée qui, depuis quelques minutes, flottait plutôt vague dans mon
esprit. se précise.

Ah ! quelle heureuse inspiration avaient eue
ces chers amis qui, la veille, à midi, étaient
venus me demander de réunir, à l'Hôtel-de-
Ville, les électeurs restés à Vitry et de provoquer
la nomination d'une Commission provisoire !

Qu'aurais-je pu faire sans le concours des
membres de cette Commission ? Ce concours
m'apparut alors comme le moyen de salut.

Mais pour n'attirer sur aucun de ces vaillants,
en dehors des otages, l'attention indésirable de

l'ennemi, je me gardai bien de faire connaître notre organisation au général.

Je lui dis simplement, répondant ainsi à son injonction : — « Voici ce que je vous propose : « donnez-moi la liberté et les moyens de convo- « quer à l'Hôtel-de-Ville quelques-uns des hom- « mes qui sont restés à Vitry. Là je leur exposerai « la situation ; je leur communiquerai vos ordres « et je les prierai de m'aider à les exécuter ».

— « Oui, je vous accorde cette autorisation. « A quelle heure aura lieu cette réunion ? »

— « A huit heures ».

— « A huit heures, vous serez conduits, vous « et les autres garants, à l'Hôtel-de-Ville ».

Après quelques précisions de détail sur les moyens de préparer cette réunion, je dis au général : « Je tiens à ce qu'il n'y ait pas de « malentendu. Je veux donc vous avertir que, « malgré toute notre bonne volonté, le produit « de la réquisition ne sera pas très considé- « rable ».

— « Pourquoi ? »

— « Parce que, depuis un mois, les provisions « se sont épuisées sans qu'il ait été possible de « les renouveler. Les lignes de chemins de fer « ont été exclusivement réservées au service « militaire.

« De plus nous avons eu ici — ce n'est pas « une révélation — depuis trois semaines, au « moins huit mille hommes qui ont contribué à « l'épuisement des provisions ».

— « Mais vous avez beaucoup de vivres
« cachés. »

— « Non ; j'ai tout lieu de penser au contraire
« qu'il y a très peu de réserves. »

Le général me dit qu'il n'en croit rien, mais il
n'insiste pas ; et, après un nouveau blâme — que
j'écoute humilié, silencieux — à l'adresse de
ceux qui ont déserté le poste du devoir, il se lève
et me dit que je puis me retirer.

Debout, je lui dis : « Général, voici plus d'une
« demi-heure que nous conversons ; peut-être
« vous ai-je fait l'impression que je suis un
« homme loyal ? »

— « Oui, M. le Curé. »

— « Eh bien ! en retour de ma loyauté et de la
« bonne volonté que nous allons apporter à vous
« satisfaire, donnez-moi votre parole d'honneur
« que vous ne ferez ni piller ni bombarder la
« ville. »

Le général se tourne vers l'officier qui m'avait
amené, échange avec lui quelques mots ; puis
se retournant vers moi, il me dit : « M. le Curé,
« je vous le promets. »

— « J'ai deux faveurs encore à vous demander.

« La première, c'est que vous nous fassiez
« conduire, moi et les autres otages, du Café où
« nous sommes prisonniers, dans ma demeure.
« Vous devez comprendre, général, combien il
« est pénible, humiliant, pour nous et pour moi
« tout particulièrement, d'être enfermés dans un
« café où vos soldats vont, viennent, boivent,
« chantent... »

De nouveau le général s'entretient un instant avec l'officier ; puis : « Est-ce loin, votre de-
« meure ? »

— « Non, à cent mètres à peu près, sur le même « trottoir. »

— « Je vous l'accorde. »

— « La seconde faveur c'est que vous m'auto-« risiez à dire la Messe aujourd'hui. »

— « Oh ! non ! »

— « Je vous en prie, général, accordez-moi « cette autorisation, j'y tiens beaucoup. C'est « peut-être la dernière fois que je célébrerai la « Sainte Messe. »

Le général sourit, ce qui me parut de bon augure.

— « Et à quelle heure désirez-vous célébrer « la Messe. »

— « A onze heures. »

— « Je vous autorise. »

Je remercie et me retire.

Le général m'accompagne jusque dans le corridor ; puis, sur le ton hautain du vainqueur qui se prépare à achever sa victime : « Et main-« tenant je vais travailler ! »

RETOUR VERS LES OTAGES
MES COMPAGNONS DE CAPTIVITÉ

JE remonte dans l'automobile qui m'avait amené. L'officier s'installe près de moi ; et la voiture roule vers le Café des Oiseaux où, depuis près d'une heure, m'attendaient mes compagnons de captivité.

A mon apparition sur le seuil du Café des Oiseaux, c'est par une exclamation de joie que je suis accueilli. « Quel bonheur ! vous voici.
« Depuis une heure, nous avons bien prié pour
« vous. Mais où vous ont-ils emmené ? Que
« vous voulaient-ils ? »

Et les questions se pressent.

En quelques mots je réponds et je calme l'impatience d'en savoir davantage.

« Je ne puis tout vous dire ici. On nous écoute.
« Mais voici : j'ai été emmené à l'extrémité du
« faubourg de Châlons, devant un général de
« division. Depuis que je vous ai quittés, j'ai
« discuté avec lui les conditions de la rançon de
« la Ville. J'ai réussi — je me hâte de vous le
« dire — à lui persuader que nous étions dans
« l'absolue impossibilité de fournir une contribu-
« tion de guerre en numéraire. Il y a renoncé.
« Mais il nous impose une réquisition considé-
« rable de vivres pour les hommes et pour les
« chevaux.

« De mon mieux je me suis débattu ; mais il
« a fallu promettre, sous la menace de pillage
« général et par ordre. »

— « Mais comment, me dit M. Paillard,
« pourra être organisée cette réquisition ? »

Je répétai à mes amis ce dont j'étais convenu, sur ce point, avec le général.

Et, mélancoliquement, l'un d'eux me dit :

« Ce sera dur ; nous ne sommes pas encore
« sauvés .»

— « C'est vrai, mais ayons confiance : Dieu
« nous sera en aide. Il est avec nous : Il ne nous
« abandonnera pas. C'est grâce à Lui que j'ai
« obtenu du général deux faveurs qui vont vous
« consoler : nous allons quitter ce café et être
« transférés au Presbytère. Puis, à onze heures,
« je pourrai célébrer la Sainte Messe, et vous y
« assisterez. »

Et nous échangeâmes nos idées sur les
moyens les plus pratiques de convoquer, pour
huit heures, les Membres de la Commission
provisoire à l'Hôtel-de-Ville, et d'organiser, avec
leur concours, la réquisition exigée par l'autorité
militaire allemande.

Entre temps, nous priions.

Officiers et soldats vont, viennent, boivent,
parlent haut, en maîtres.

L'un de mes amis me fait remarquer, en face
de nous, un groupe d'officiers occupés à se
montrer toute une collection de bijoux dont ils
paraissent fort satisfaits. D'où viennent ces
bijoux ? Pas de Berlin, assurément.

Le temps passait... et il nous durait !

TRANSFERT DES OTAGES
AU PRESBYTÈRE

ENFIN, à quatre heures, l'officier commandant
le poste nous dit qu'il a reçu l'ordre de
nous conduire dans la demeure de M. le Curé.

Et s'adressant à moi : « M. le Curé, condui-
« sez .»

C'était non pas la délivrance, hélas ! mais du
moins, c'était un adoucissement à la captivité.

En moins de cinq minutes, nous étions au
presbytère.

Notre entrée y fut marquée par des incidents
où se révèle bien le caractère de l'allemand :
hautain, jusqu'à l'*arrogance, défiant* jusqu'à la
peur.

Le poste qui devait nous garder au presbytère
était composé d'une quinzaine de soldats commandés par un jeune lieutenant.

J'avais demandé au général que les otages
fussent internés dans mon bureau.

L'ordre avait bien été transmis avec cette
précision.

C'est donc dans mon cabinet de travail que
nous pénétrons directement.

Le lieutenant y entre avec nous, puis il en
sort immédiatement pour distribuer ses hommes
et les poster à toutes les issues par où nous
aurions pu nous échapper : deux sentinelles à la
porte d'entrée du presbytère — deux autres à la
porte de mon bureau — une sentinelle, baïonnette
au canon, près de nous, dans le bureau même —
une autre à la fenêtre de ma chambre à coucher
attenante à mon bureau — et une dizaine de
soldats, constituant le poste de relève, dans la
salle à manger ouvrant sur la cour intérieure.

En constatant ce luxe de précautions, M. Berna
me dit en souriant : « Nous voici bien gardés. Si

nous voulons nous évader, il ne nous reste
plus qu'une issue.

— « Laquelle ? »

— « La cheminée. »

INCIDENTS VARIÉS

MA chambre à coucher, à peine découverte
par le lieutenant, fut explorée, étudiée
minutieusement, jusque sous le lit.

L'officier lui-même essaya de fermer à clef la
porte ouvrant sur la cour. N'y pouvant parvenir,
il commençait à se fâcher.

J'avais commencé, moi, par sourire. Voyant
que la situation, assez grotesque, allait se gâter,
je pris la pelle d'un soldat, et, m'en servant
comme d'un levier, je soulevai la porte qui se
ferma facilement.

L'officier mit la clef dans sa poche. Je dois
lui rendre ce témoignage qu'il me la remit en
partant.

Toutes ces mesures de précaution prises
contre les otages qui, certes, n'avaient aucune
idée d'évasion, le lieutenant me demande de
faire dresser un lit dans mon bureau : « Je suis
« fatigué, me dit-il. je voudrais dormir. »

— « Il n'y a, au rez-de-chaussée, qu'un lit, le
« mien ; je me le réserve. Mais donnez-moi un
« soldat ; avec moi il viendra au premier étage et
« il descendra un matelas sur lequel vous pour-
« rez dormir. »

Il consent.

Au moment où, précédant le soldat chargé du matelas, je rentrais dans mon bureau j'entends la fin d'une altercation qui venait de s'engager entre M. Paillard et le lieutenant. Plusieurs soldats étaient entrés, et le lieutenant, désignant M. Paillard, leur disait, avec un sourire ironique et sur un ton de pitié que je n'oublierai jamais ; « il prétend qu'il a vu des allemands prisonniers « passant en gare. C'est faux ! Pas de prisonniers « allemands ! *Les allemands toujours vain-* « *queurs !* »

— « Qu'y a-t-il donc ? » demandai-je à M. Paillard.

Administrateur de l'infirmerie de gare organisée par la Croix-Rouge, M. Paillard portait le médaillon-insigne de cette Société.

« Cet insigne, me dit M. Paillard, a attiré « l'attention du lieutenant.

« Après lui avoir expliqué à quel titre je le « porte, j'ai ajouté que, depuis plus de quinze « jours, nous prodiguions nos soins aux blessés « allemands et même à des prisonniers alle-« mands non blessés, notamment, il y a cinq ou « six jours, à tout un train de prisonniers non « blessés.

« Et, vous l'entendez, le lieutenant me donne « le démenti. J'insiste puisque je les ai vus, de « mes yeux, vus, et que, comme administrateur « de l'infirmerie de gare, j'ai présidé au service « du ravitaillement nécessaire ».

Le jeune teuton s'entête à nier le fait.

J'appuie l'affirmation de M. Paillard.

Et, violent, le lieutenant, de nouveau, s'écrie :
« Non, les Allemands toujours vainqueurs ! »

Il valait peut-être mieux nous taire.

Je ne me sentais pas d'ailleurs, pour ma part, en possesion de mes moyens pour aucune discussion.

Tout-à-coup, sans que rien m'ait fait prévoir ce malaise, je suis saisi d'un tremblement tel que mes dents claquaient... de peur ? non ; mais de fièvre.

— « Reposez-vous » me dirent mes compagnons. Déjà, sur le matelas, le lieutenant était étendu.

La sentinelle s'était assise.

Je demande à l'officier l'autorisation de passer dans ma chambre et de me jeter sur mon lit.

L'autorisation est accordée.

Mais impossible d'y tenir.

Moins d'un quart d'heure après, j'étais debout, grelottant et arpentant mon bureau pour essayer de me réchauffer.

Le tableau était digne d'un instantané.

Sous l'une de mes tables de travail le lieutenant étendu sur le matelas et ronflant à poings fermés — M. l'Abbé Courtaux dormant, calme, paisible, comme Napoléon, la veille d'Austerlitz — M. Paillard et M. Berna broyant plutôt du noir — et moi, claquant des dents et battant la semelle, passant et repassant devant la sentinelle somnolant et me paraissant assez ahurie du spectacle.

INVITATION AUX MEMBRES
DE LA COMMISSION

VERS cinq heures, je me sentis mieux et vite je pris place à mon bureau. Je n'oubliais pas la fameuse réquisition.

Il s'agissait d'écrire à chacun des membres de la Commission provisoire une invitation à la réunion qui devait avoir lieu, à l'Hôtel-de-Ville, pour nous entendre sur les moyens les plus pratiques d'organiser cette réquisition.

Il avait été convenu, dans mon entretien avec le général, qu'il me serait permis de faire parvenir ces lettres d'invitation à leurs destinataires.

A la première personne qui passe sous mes fenêtres je remets les invitations avec prière de les porter chez M. Blin qui les fera parvenir à leurs adresses.

Et nous attendons.

Le bruit commençait à se répandre parmi les habitants restés à Vitry que nous étions otages et prisonniers au presbytère.

Honneur et reconnaissance à ceux qui ne craignirent pas de venir nous témoigner leur sympathie : il pouvait y avoir à cela quelque péril.

De ce péril, je l'avoue, je ne pris conscience qu'après coup, et, ouvrant la fenêtre, j'échangeais quelques paroles avec les charitables visiteurs des prisonniers.

Le plus assidu fut le jeune fils de M. Paillard.

Plusieurs fois la sentinelle vient refermer la fenêtre, et, respectueuse, je le reconnais, m'invite à m'asseoir.

Ce qui ne m'empêchait pas, un instant après, de recommencer le petit jeu.

L'officier dormait toujours.

Et la canonnade qui avait commencé vers cinq heures continuait, infernale.

RÉUNION À L'HOTEL-DE-VILLE
LA RÉQUISITION

Huit heures. C'était l'heure fixée pour la réunion à l'Hôtel-de-Ville.

Le lieutenant était debout. Le poste était sous les armes. Les soldats entourent les otages, et en route pour l'Hôtel-de-Ville

Le cortège était plutôt lugubre.

A l'Hôtel-de-Ville, nous rencontrons tous les membres de la Commission provisoire et un certain nombre d'électeurs qui se sont joints à eux.

Quelques-uns parlaient beaucoup, beaucoup trop.

M. Paillard adjure l'assemblée d'écouter avec calme et en silence la communication que nous lui apportons.

La réunion se tient dans la salle de la Justice de Paix.

Un commandant allemand y assiste.

Le silence rétabli, je commence : « Vous le
« voyez, mes chers amis, nous avons été pris
« comme otages. On nous a assuré qu'il ne nous
« serait fait aucun mal, mais que nous serions
« immédiatement fusillés si un seul acte
« d'hostilité était commis contre les soldats
« allemands.

« Dites bien cela à tous les habitants restés
« à Vitry ; et que le mot d'ordre reste celui que
« nous vous avons donné hier : *dignité, pru-*
« *dence.*

« Il y va de notre vie et du salut de la ville.

« Cette nuit, j'ai été emmené devant le géné-
« ral qui commande ici. De mon mieux j'ai
« défendu les intérêts de la ville. Mais voici la
« terrible mission dont je suis obligé de
« m'acquitter : par ordre du général, tous les
« vivres en réserve à Vitry doivent être amenés
« par les habitants à l'Hôtel-de-Ville.

« La réquisition doit être aussi considérable
« que possible ; et, si pour midi cette réquisi-
« tion n'est pas faite ou jugée insuffisante, la
« ville entière sera, par ordre livrée au pillage.

« Vous comprenez quelles en seraient les
« conséquences. Aussi, sans plus, je vous
« demande :

— « Voulez-vous que nous soyons fusillés ? »

— « Non ! »

— « Voulez-vous que la ville soit détruite ? »

— « Non ! »

— « Eh bien ! tous à l'œuvre pour le salut de

« la ville ! Le général a spécifié les vivres
« réquisitionnés pour les hommes et pour les
« chevaux : pain, farine, viande, lard, café,
« chocolat, sucre, conserves.... »

Le commandant allemand ajoute : « et
« naphte. »

Je réplique : « Non, le général n'a parlé ni
« de naphte ni d'essence. D'ailleurs, en vain
« vous en chercheriez ici : il n'y en a plus ; nos
« soldats ont emporté les dernières réserves ».

— « Pardon, interrompt l'un des hommes
« présents, il y encore chez Monsieur... » Quel
nom dit-il ? Je ne me le rappelle pas.

— « Taisez-vous ! » lui dit M. Paillard, et se
tournant vers le commandant qui déjà, fronçant
le sourcil, s'apprêtait à triompher contre nous
de la dénonciation de l'interrupteur : « Ne faites
pas attention, cet homme ment. »

J'ajoutai : « C'est un hâbleur. »

Le mot était vif, mais je sentais la situation si
critique.

L'allemand comprit-il ? En tout cas, frappé
sans doute de l'accent de loyauté de nos affirma-
tions et de nos protestations, il regarde sévère-
ment l'interrupteur et... « Que vois-je ici ?
s'écrie-t-il, en lui mettant la main sur l'épaule et
en montrant une tache de sang sur le devant de
la chemise, près du revers de son gilet. « D'où
vient ce sang ? »

Il n'en fallut pas davantage en maintes circonstances pour fournir prétexte à des représailles terribles.

Et j'entendais bourdonner à mes oreilles la sinistre menace : « Si un seul acte d'hostilité est commis contre nos soldats, vous serez immédiatement fusillés. »

Heureusement le commandant n'était pas une brute ; il voulut bien se rendre compte qu'un coup de rasoir mal dirigé a entamé, tout-à-l'heure, l'extrémité inférieure de l'oreille. Le doigt s'y est porté, s'est reposé ensuite près du col de la chemise ; de là cette tache de sang.

L'incident est clos.

Du naphte il ne fut plus question.

Je continuai ma communication.

Les habitants devront par leurs propres moyens apporter tout ce qu'ils possèdent de vivres à l'Hôtel-de-Ville.

Mais comment le leur faire savoir ? Plus de tambour, pas même le vendeur de journaux qui, la veille, au son de sa trompette, a convoqué les électeurs.

Il est convenu que quelques hommes dévoués, courageux iront, en se partageant la ville par quartier, crier dans les rues la proclamation suivante rédigée, séance tenante, à une douzaine d'exemplaires : *Par ordre de l'autorité militaire allemande, tous les habitants restés à Vitry qui ont sous la main des vivres, tels que : pain, farine, viande, lard, café, chocolat, sucre, conserves, sont obligés, sous les peines les plus rigoureuses, de les apporter, avant midi, dans la cour de l'Hôtel-de-Ville.*

Nous obtenons du commandant qu'on ne nous force pas à sortir de la chapelle profanée de l'Hôpital les 500 quintaux de farine qu'y avait entassés une administration plus prévoyante que vaillante.

Le commandant exigea simplement que la clef de la chapelle lui fut immédiatement remise.

Un émigré m'avait laissé, la veille, son cheval et son charriot.

Je les mets à la disposition des personnes qui désireraient faire transporter ainsi leur part de contribution de guerre. M. Paillard, de son côté, offre à même fin son automobile.

De nouveau je recommande à toutes les personnes présentes la dignité, la prudence, la confiance, et nous nous séparons.

Dans le même appareil qu'à l'aller, les otages sont ramenés au presbytère.

Déjà les crieurs publics s'acquittaient de leur mission de dévouement.

Et aussitôt le défilé commence des voitures à bras, du charriot et de l'automobile, allant, venant, se croisant, se pressant.

Avec anxiété, de notre prison, nous suivions la douloureuse opération surveillée par les Allemands.

Avant midi, s'entassait dans la cour de l'Hôtel-de-Ville, les objets de consommation les plus divers.

Mais les Allemands vont-ils se tenir pour

satisfaits ? Nous en doutions et nous n'étions nullement rassurés.

Nous avions tort, car on ne nous parla plus de réquisition.

LA MESSE DES OTAGES

Une autre préoccupation d'ordre plus élevé me hantait.

Le général m'avait donné l'autorisation de célébrer la Sainte-Messe à 11 heures.

A l'heure précise, je dis au lieutenant : « Conduisez-nous à l'église, pour la messe. »

— Non, je n'ai pas d'ordre. »

— « Comment ! Vous n'avez pas d'ordre ? « Le général m'a autorisé à dire la messe : je la « dirai. Vous devez avoir des ordres, si vous « n'en avez réellement pas, allez en chercher. »

L'officier s'exécute.

Vingt minutes après, il revient et me dit : « Vous avez raison, venez. »

Et entre les soldats, baïonnette au canon, nous nous dirigeons vers l'église.

A ce moment la bataille faisait rage.

Ma *première* messe célébrée à Notre-Dame de l'Epine, le 30 juin 1874, dans la sollitude et le silence de la gracieuse Basilique ; 40 ans après, la messe que je croyais être ma *dernière* célébrée à Notre Dame de Vitry, le 6 Septembre 1914, dans le vacarme assourdissant d'une canonnade où le tonnerre de l'artillerie lourde allemande fait fond à l'éclatement sec et cadencé de notre 75 : quel contraste !

Et pourtant, au fond, quelle évocation des mêmes sentiments !

Il y a 40 ans, je disais : Mon Dieu, quel bonheur si je pouvais aller continuer éternellement, au ciel, l'action de grâces de ma *première messe* !

Et le 6 septembre 1914, me répétant ce que j'avais dit, la nuit au général allemand : « C'est peut-être ma dernière messe », je pensais : Oh ! célébrer, une fois encore, la Sainte Messe, puis mourir, et continuer éternellement à aimer, près de Dieu, tous ceux pour qui je vais offrir le Saint-Sacrifice !...

Tout à la joie de cette pensée, de ce sentiment je ne me rendis compte qu'après coup du caractère plutôt funèbre de notre cortège se dirigeant vers l'église ; chaque otage marche entre deux soldats allemands, le curé en tête, l'officier sur le côté.

Nous pénétrons par la porte ouvrant sur la rue Dominé-de-Verzet.

Personne dans l'église ; où du moins je ne vois personne, car je sus depuis que trois ou quatre personnes courageuses, bravant tout, assistèrent à la messe, du fond de l'église,

MM. Paillard et Berna, encadrés de leurs gardiens, prirent place dans la partie supérieure de la nef, du côté de l'Evangile.

Je me dirigeai immédiatement vers la sacristie, accompagné de M. l'abbé Courtaux qui devait me servir la messe ; nos gardiens s'arrêtent près de leurs camarades.

Mais, sur un ordre de l'officier, l'un d'eux se détache et, tout à coup, nous entendons derrière nous son pas lourd et hâté.

Le soldat s'arrête à la porte de la sacristie.

L'officier se précipite et lui ordonne d'entrer et de nous suivre.

Je ne pus m'empêcher de sourire tristement et de dire à M. Courtaux : « Décidément, ils ne « nous lâcheront pas d'une semelle. Ils ont peur « que nous nous évadions par la sacristie ».

Et mentalement j'achevais : ils ne savent guère quelle attirance ont pour nous, ce matin, le tabernacle et l'autel.

Sans étonnement je trouve à la sacristie mon fidèle et dévoué sacristain à qui j'eus bien vite expliqué notre situation. Dailleurs la présence du soldat allemand, debout près de moi, baïonnette au canon, pendant que je revêtais les ornements sacrés, était assez significative.

Précédé de M. Courtaux je me rends au saint autel.

Le soldat suit et vient se poster au pied de l'autel, du côté de l'épître.

On me dit que le reporter d'un grand journal anglais, passant à Vitry, quelques jours après la bataille, entendit raconter ce fait de la *messe des otages* en pleine bataille, et que depuis a paru dans ce journal un croquis représentant cette scène peut-être unique au cours de la terrible guerre : le curé otage célébrant le Saint - Sacrifice — le vicaire otage servant la messe — le soldat allemand, l'œil sur ses prisonniers, debout au pied de l'autel — près de la grille de communion, dans la nef, les deux autres otages avec leurs gardiens et l'officier.

Cette esquisse est intéressante m'a-t-on affirmé, très émouvante en sa simplicité.

Pas autant assurément que la réalité. Car ce qu'elle ne peut rendre c'est l'horreur du formidable orchestre qui faisait trembler l'église pendant cette messe. Instinctivement, plusieurs fois, je fus tenté de porter mes mains à mes oreilles, tellement douloureuse était l'impression produite par le tonnerre effroyable des éclatements précipités des obus.

Le souci seul de l'observation des rites liturgiques me retint.

J'aurais voulu m'attarder sans fin au *memento* des vivants et des morts :

Mes chers vivants : je les voyais ou fuyant éperdus, sur tous les chemins où les avait jetés la terreur inspirée par l'ennemi, ou exposés aux pires dangers sur les champs de bataille, ou tremblants là tout près dans leurs maisons menacées de ruine...

Mes chers morts : depuis un mois que d'enfants de la France déjà tombés sur le champ de bataille ! et à l'heure même, il me semblait entendre, à travers le sifflement de la mitraille et le grondement du canon, comme des appels de détresse à travers la tempête, les cris et les gémissements de nos soldats qui tombent, là dans la plaine, pour Dieu et pour la France...

La messe s'achève. Ma main se lève pour la dernière bénédiction. Mon cœur étend le geste sacré, par delà l'enceinte de l'église, au champ de bataille tout entier.

J'avais voulu ne pas pleurer ; j'étais brisé.

Retour à la sacristie. Fidèle à la consigne, le fusil au bras, le soldat allemand nous y suit.

Les ornements sacrés déposés, je serre la main à mon sacristain et lui dit : « Nous reverrons-nous ? »

C'est lui qui m'encourage : « Oui, confiance ; « le Bon Dieu vous garde. »

— « Au revoir donc, priez bien pour nous. »

M. l'abbé Courtaux va reprendre sa place auprès des otages.

Je m'arrête, pour mon action de grâces, près de l'autel du Sacré-Cœur.

J'étais là depuis cinq minutes à peine quand M. Courtaux revient vers moi et me dit : « L'officier s'impatiente, venez. »

— « Allez dire à l'officier que je fais mon « action de grâces et que je partirai quand elle « sera terminée. »

Le lieutenant n'insiste pas.

Comprenant d'ailleurs que la prudence exigeait de mon cœur quelque sacrifice, je ne tarde guère à rejoindre le groupe des otages.

Et nous sortons.

RETOUR AU PRESBYTÈRE
DÉJEUNER

Oh ! le long et douloureux regard à ma belle et chère église !... Y rentrerai-je ?

Il était près de midi et demi. Nous rentrons au presbytère.

J'invite mes compagnons de captivité à déjeuner.

— « Nous acceptons sans façon » me répond M. Berna en souriant.

Je demande à l'officier l'autorisation de quitter mon bureau pour passer dans la salle à manger.

Il refuse. Le déjeuner devra être apporté dans le bureau où nous sommes internés.

J'insiste : « Voyez quel dérangement pour « le service ; et, d'autre part, il n'y a aucun « inconvénient à ce que nous déjeunions dans « la salle à manger qui se trouve près de la « cuisine... Venez avec moi, vous vous rendrez « compte par vous même »

Il me suit. Je lui fait constater qu'il n'y a aucune issue par où nous puissions nous évader si nous en avions l'intention.

— « D'ailleurs placez donc une sentinelle entre les deux portes ouvertes de la salle à manger et de la cuisine. Ainsi vous serez sans inquiétude. »

J'avais trouvé le joint. A cette proposition

toutes les hésitations de l'officier disparaissent ;
l'autorisation est accordée.

Nous nous mettons à table sous la surveillance de la sentinelle, baïonnette au canon.

M. l'abbé Thiénard, curé de Sarry, à Vitry
depuis la veille, venait de m'arriver. Il partagea
notre déjeuner.

En toute autre circonstance il nous eut
beaucoup intéressé par le récit plein d'humour
des premières aventures qui avaient marqué
son hégire devant les envahisseurs et son arrêt
à Vitry. Mais nous avions plus d'un motif d'être
prudents et même quelque peu *soucieux*. C'était
bien le cas de nous redire, avant la lettre, l'avis
affiché maintenant partout : « *Défiez-vous* ;
« *taisez-vous ; des oreilles ennemies vous*
« *écoutent.* »

M. le Curé de Sarry voulut bien le comprendre : et, rapide, le déjeuner s'acheva sans
incident.

Après le déjeuner, tristement, nous réinté-
grons notre prison.

Que faire en prison ?

Comme le lièvre de La Fontaine en son gîte,
nous « songions » — oh ! très songeurs. Nous
priions aussi, tout en suivant avec anxiété l'intensité toujours croissante de la canonnade et des
rafales de mitraille. Le soir venait, et la bataille
évidemment, se livrait sur le même terrain.
Nous nous regardions, les yeux brillants d'une
espérance que nous osions à peine nous com-
muniquer : si c'était enfin pour nos armées la

victoire ! L'air inquiet des soldats, l'agitation de l'officier, allant, venant causant mystérieusement avec les officiers qui passaient, étaient bien pour nous donner confiance.

Et nous priions avec d'autant plus de ferveur.

LIBRES !

Il est cinq heures.

L'officier reçoit un ordre.

Quelques mots à ses hommes formant le poste, et nous les voyons tout à coup s'agiter, se trémousser, rassembler précipitamment armes et objets d'équipement éparpillés dans la grande salle à manger, vider à la hâte les bouteilles de vins fins apportés là je ne sais d'où.

La sentinelle qui veille sur nous de plus près suit le mouvement.

M. Paillard me dit : « Pourquoi ce remue-ménage ? Assurément ils nous emmènent ! »

— « J'espère bien que non, ce serait pire que tout. Je vais voir. »

Et sortant de mon bureau, j'aborde le lieutenant dans la cour :

— « Que se passe-t-il donc ? Vous partez ?

— « Oui, nous partons.

— « D'autres soldats vous remplacent ?

— « Non.

— « Alors, nous sommes libres ?

— « Non, vous restez toujours garants dans « les mêmes conditions ; s'il est fait un seul acte

« contre nos soldats, vous serez fusillés tout de
« suite. »

Et l'aimable enfant martèle les syllabes de sa
déclaration.

Tant de fois, depuis la veille, j'avais entendu
cette menace ! On s'habitue à tout. Aussi, tout à
la joie de notre délivrance, je rentre pour en
donner l'heureuse nouvelle à mes compagnons.

Déjà, les hommes rangés sur deux lignes
avaient reçu l'ordre de départ, et, raides, défilaient devant nous.

Pourquoi partaient-ils ? Où allaient-ils ? A
la bataille, sans doute, pour combler les vides
et tomber à leur tour.

La maison est vide. Nous restons, comment
dirai-je ? stupéfaits, figés, ne comprenant absolument rien à ce qui nous arrive.

A ce moment entre au presbytère M. le Comte
de Riocour qui, surpris par l'invasion dans
Vitry-le-François, n'a pu et ne pourra, durant
l'occupation, obtenir l'autorisation de retourner
à Vitry-la-Ville.

L'accueillir — et avec quel plaisir ! — fut le
premier acte de ma liberté recouvrée.

Le second fut de l'inviter à remercier, avec
nous, la Sainte Vierge de notre délivrance. Nous
tombons à genoux et ensemble nous récitons
une dizaine de chapelet.

Libres ! Nous ne pouvons croire à notre
bonheur. Le presbytère, prison depuis plus de
douze heures, redevenait la maison de famille

Nous l'explorons comme un domaine familial reconquis.

Dans la grande salle à manger, dont les Allemands avaient fait leur corps de garde, quel spectacle ! Entre les bouteilles et les fioles de toutes dimensions et de marques les plus diverses, au milieu des reliefs de toute nature : viande, graisse, fruits, confitures, nous trouvons une foule d'objets oubliés ou laissés volontairement ; entre autres, une pipe en porcelaine de quatre-vingts centimètres de long, dont le brasier pouvait contenir plus de vingt grammes de tabac.

C'était d'ailleurs une pipe bien française enlevée en quelque magasin bien achalandé, et représentant un coq gaulois porté par un manche de merisier.

Je comprends que l'Allemand ne l'ait pas emportée sur le champ de bataille.

La bataille, elle, redoublait de fureur. Le duel d'artillerie était terrifiant.

Des obus qui sifflaient au-dessus de la ville, quelques-uns éclataient en l'air semant leurs schrapnels.

Je recommande à M. Paillard et à M. Berna de retourner vite chez eux, en évitant de passer sur la place, afin d'associer, sans tarder, à la joie de leur délivrance les affections qui, à leurs foyers, depuis la veille, étaient au martyre.

MAIS DEMAIN ?

M. l'abbé Courtaux et moi, nous nous rendons séparément à l'église et là, au pied du tabernacle et devant l'image de Marie, nous remercions le bon Maître et la Sainte Vierge et nous les supplions de nous continuer leur protection, car nous n'oublions pas que le rôle des otages n'est pas fini.

Aussi, de retour au presbytère, sans nous attarder à revenir sur les circonstances de nos heures de captivité, conscients des responsabilités qui pèsent sur nous et des risques que nous courons, nous nous préoccupons exclusivement de nous préparer, de nous outiller pour le rôle nouveau qui allait nous être imposé.

« Dieu premier servi ! » nous disons notre bréviaire.

Puis je demande à M. Courtaux de monter dans sa chambre pour y chercher quelques manuels de langue allemande : un dictionnaire, un livre de conversation, une grammaire.

Et nous voici à l'étude. Ne riez pas, nous sentions le besoin, nous aussi, de compléter, en pleine guerre, pour la victoire finale, notre outillage de guerre. Dès le lendemain, nous allions nous retrouver aux prises avec les Allemands et déjà nous avions constaté, non sans quelque humiliation, l'infériorité résultant pour nous de l'ignorance de la langue allemande.

Je parle surtout pour moi qui ne gardais que des souvenirs lointains, très lointains et très vagues de mes notions classiques de langue allemande.

M. l'abbé Courtaux avait une étude plus complète et des souvenirs plus frais et plus précis. Il devint mon maître.

La première leçon fut courte. Plus rapide encore le dîner : plus de soucis que d'appétit.

Avant neuf heures, nous nous disions : bonsoir ! bonne nuit ? meilleure que la précédente. Par précaution, pour être prêts à la première alerte, nous convenons de nous étendre sur notre lit sans quitter nos vêtements.

Bien nous en prit. La canonnade n'avait pas cessé dans la région de Frignicourt, Glannes, Huiron, Courdemanges.

Sans doute, l'expérience de la journée nous a prouvé que le tir de l'artillerie française est si bien réglé qu'il n'y a rien à craindre pour nous.

Mais il eût suffi d'un petit recul des Allemands, d'une maladresse d'un pointeur, d'un obus trop chargé pour que Vitry fût bombardé et que nous soyons enveloppés dans la fournaise.

Ce n'est pourtant pas cette hypothèse qui devait se réaliser.

Le drame de cette nuit devait surgir, pour nous, d'une circonstance absolument imprévue.

DANS LA NUIT

DEPUIS le jeudi debout, jour et nuit, je n'ai pas eu un instant de repos.

Connaissez-vous ce qu'on appelle un « *sommeil de plomb* » où le corps, comme une masse inerte, devient insensible à tout ?

Moins de cinq minutes après, j'étais dans cet état. Tout se serait écroulé autour de moi, je n'aurais pas fait un mouvement.

Aussi, ce que je vais écrire on me l'a raconté. Je n'en ai personnellement d'autre souvenir que celui qu'on garde d'un mauvais cauchemar.

A 11 heures, violent coup de sonnette au presbytère.

On ouvre. Un officier entouré de soldats munis du brassard de la Croix-Rouge réclame impérieusement les clefs de l'église.

La veille au soir, je les avais mises, sans prendre soin de le dire à personne, dans la poche de ma douillette, afin, en cas d'alerte, de courir immédiatement à l'église pour consommer les Saintes Espèces.

Ne les trouvant pas à leur place ordinaire, la personne qui avait ouvert aux Allemands vient me les demander :

— « M. le Curé, un officier allemand est là qui demande les clefs de l'église ; où sont-elles ? »

Pas de réponse.

— « M. le Curé, vite, réveillez-vous ; où sont

les clefs de l'église, l'officier allemand les veut tout de suite. »

D'un murmure à peine articulé, je réponds : « Au clou. »

— « Mais non, je ne les y trouve pas. »

Et je dormais toujours.

Nouvelles supplications : « Réveillez - vous « donc ; les Allemands s'impatientent et se « fâchent ; il va nous arriver malheur. »

Et l'on me secoue : « Dites, où sont les clefs « de l'église ? »

J'ouvre enfin les yeux. Vaguement, j'ai entendu, et je réponds : « Dans la poche de ma « douillette. »

Puis je retombe et je me rendors.

Déjà, M. l'abbé Courtaux était descendu de sa chambre. Il prend les clefs et, suivi de l'officier et des soldats, il se dirige vers l'église.

En allant : « Pourquoi donc, dit-il à l'officier « allemand, les clefs de l'église à pareille heure ? « Que voulez-vous faire ? »

L'officier décline immédiatement ses titres et qualités : « Aumônier de l'ambulance division-« naire qui va établir son siège dans l'église. »

— « Aumônier ? » — « Oui. »

— « Catholique ? » — « Non, évangéliste. »

C'est alors seulement que M. l'abbé Courtaux remarqua à son cou une chaîne à laquelle était attachée une croix cachée sous sa tunique.

Et l'aumônier continue : « Blessés nombreux « dans la journée, l'église désignée pour abriter

«.une partie. Venez avec nous ; il faut tout de
« suite préparer….. »

« J'étais très peu rassuré, me disait quelques
« heures plus tard mon vicaire ; durant le trajet,
« j'essayais de savoir quelque chose de la
« bataille. Je ne sus rien, sinon que j'avais
« affaire à l'un de ces types d'orgueilleux sur-
« hommes façonnés par la fameuse « Kultur »
« allemande.

« Hautain, méprisant, il se plut à torturer
« mon patriotisme. Hachant ses phrases, il
« disait : « C'est maintenant la grande bataille.
« Les Allemands sont vainqueurs….. toujours
« vainqueurs, les Allemands ! Dans deux jours
« ce sera fini…. nous serons à Paris…. Vous ?
« vous serez allemands. Déjà maintenant vous
« êtes allemands…… La ville de Vitry nous
« appartient. »

« Et devant l'église, il ajoute : « Oh ! l'église
« est grande, très grande, très belle. »

« Au moment où nous allions entrer dans
« l'église, arrive un officier sortant du Café des
« Oiseaux, escorté également par des infirmiers
« portant le brassard.

« Me désignant à l'officier, l'aumônier lui
« dit : « Ce prêtre est le Curé de la paroisse. »

« J'ai cru devoir ne pas protester et pouvoir
« accepter ce titre, bien persuadé, M. le Curé,
« que vous ne m'en voudriez nullement.

— « Bien, bien, dit l'officier. Monsieur, nous
« mettrons nos blessés ici. » Aussitôt j'ouvre.
Des ordres sont donnés aux infirmiers.

DE LA LUMIÈRE !

A la hâte, j'ai allumé quelques bougies. Le gaz manque absolument ; un obus a abattu la cheminée, l'usine est fermée.

« A la vague lueur des bougies, je vois les
« chaises des bas-côtés voler dans les mains
« des infirmiers. Elles s'entassent en hautes
« barricades dans les chapelles latérales.

« L'officier réclame plus de lumière. J'essaie
« de lui démontrer qu'il m'est impossible d'allu-
« mer le gaz, puisqu'il n'y en a plus. Il se fâche,
« il menace, il devient furieux.

« Que faire ? La pensée me vient de faire
« intervenir l'aumônier. Mais ce protestant ne
« va-t-il pas aggraver la situation ?

« Je me débats seul comme je puis contre
« cet insolent gestionnaire qui, sans me lâcher,
« m'entraîne à travers l'église en me répétant,
« quand j'essaie de m'arrêter : « Venez, venez. »

« Et il va aux différents groupes d'infirmiers,
« multipliant les ordres.

« Puis il arpente et mesure l'église dans sa
« largeur et décide qu'on va y étendre six rangs
« de lits de paille. -

« La canonnade s'apaisait. Il était près de minuit. »

« Mais les mitrailleuses, en certains endroits,
« notamment sur Marolles, vont leur train.

« Le manque de lumière exaspère de plus en
« plus l'Allemand.

« Furieux, piétinant, il me crie : « Il faut de
« la lumière. »

— « Le sacristain seul pourrait en donner
« davantage. »

« Je disais cela sans trop y croire, mais il
« fallait bien dire quelque chose et gagner du
« temps.

— « Allez le chercher », me dit l'officier.

« J'obéis. Mais, par peur sans doute que je
« ne tente de m'évader, quatre infirmiers sont
« désignés pour m'accompagner.

« Nous sortons de l'église.

« A ce moment-là même arrivait, devant le
« portail, un charriot de blé non battu.

« Ce sera le lit des blessés.

« En route, je m'en veux d'avoir eu cette
« pensée d'aller chercher notre dévoué sacris-
« tain et de l'exposer ainsi au péril.

« Mais il faut marcher.

« Me voici, escorté des soldats, à la porte de
« M. Auguste Chapeck. Je sonne et j'appelle en
« même temps.

« Une fenêtre s'ouvre, Un dialogue s'engage,
« rapide.

« En deux mots, je dis le pourquoi de cette
« visite nocturne.

— « Je descends. »

— « Nous vous attendons à l'église. »

Ici une fausse manœuvre qui aurait pu coûter
cher à notre dévoué sacristain.

Au lieu de l'attendre, en effet, M. Courtaux,

escorté de ses quatre garde-du-corps, revient immédiatement à l'église.

Et quelques instants après, M. Chapeck se trouve seul dans la rue.

« Oui, me raconta-t-il lui-même, seul, par un « splendide clair de lune, seul dans la rue du « Petit-Denier et dans la rue du Mouton ; mais « au bout de la rue du Mouton, dans la grande « rue de Frignicourt, c'est un encombrement « indescriptible de voitures et de soldats. Com- « ment continuer mon chemin ? Traverser la « rue, c'est m'exposer à me faire écraser ou « arrêter et emmener. Rester là, c'est attirer « l'attention des soldats qui sont en train de « piller, là, tout près, le Familistère et le Café.

« Une prière : « Mon Dieu, ne m'abandonnez « pas ! » et je m'élance à travers chevaux et « soldats, me faisant tout petit. Me voici sur « l'autre trottoir. Je me retourne un instant. « Quel spectacle ! C'est le pillage le plus ignoble. « De la Pâtisserie Rollet, je vois sortir des « soldats, le casque sur le bras et rempli de « gâteaux, de bonbons, de chocolat. Ils y puisent à pleine main..... Oh ! les goinfres !

« Sur la place, ce n'est que feu : partout des « foyers autour desquels s'agitent tout un grouil- « lement de soldats faisant leur cuisine. »

Sur le parvis de l'église, M. Auguste Chapeck rencontre M. Courtaux et l'officier allemand qui lui dit : « Donnez gaz tout de suite. »

— « Je ne peux pas vous donner de gaz, « puisque l'usine ne marche plus : la cheminée

« est démolie. Mais je vais vous donner des
« lampes et des bougies. »

« C'est cela, dit M. Courtaux ; vous allumerez
« aussi les bougies de ces deux candélabres. »

Et il désigne les deux candélabres qui se
trouvent de chaque côté du Maître-Autel.

— « Non, dit vivement l'officier, pas les
« lumières *sacrées* ; nous respectons le *Sacre-*
« *ment*. »

CATHOLIQUE & PROTESTANT

EN FACE DU T. S. SACREMENT

L E Saint Sacrement, observe M. A. Chapeck,
n'est pas là ; il est à l'autel de la Sainte-
« Vierge, dans la chapelle qui se trouve derrière
« le chœur. »

— « Bien dit l'officier, les soldats n'approche-
ront pas. »

Immédiatement il donne l'ordre à quelques
infirmiers d'établir, avec les bancs des enfants,
à l'entrée de chaque côté du pourtour du sanctuaire, une barrière destinée à isoler la chapelle
absidiale où se trouvait le Saint Sacrement.

Cette attention inspirée par la foi à un catholique contrastait heureusement avec le grossier
sans-gêne de l'aumônier protestant.

Cinq lampes et neuf candélabres étaient
déjà allumés et disposés çà et là pour l'éclairage
de l'église.

L'aumônier protestant s'adjuge une lampe — Où va-t-il? Que va-t-il faire? Il a découvert l'harmonium près de l'autel du Sacré-Cœur. Il enlève la housse et se met à jouer... l'hymne national allemand !

Puis appelant M. l'abbé Courtaux il lui demande des morceaux de musique.

— « Notre organiste est aveugle ; je n'ai « aucun morceau qui puisse vous convenir. »

— « Ah ! Et que joue-t-il ? »

— « Des morceaux de Franck, Dubois, « Gounod, Mehul, etc. »

— « Et Bach ? C'est mieux. »

Pendant dix minutes le prétentieux artiste fait horriblement gémir et notre bel harmonium et les échos étonnés de notre église. A minuit ! en pleine bataille ! Vraiment ce luthérien était fou. Et, détail à noter, ses compatriotes ne s'en étonnaient pas. C'était sans doute de goût bien allemand.

L'EGLISE AMBULANCE

L'ÉGLISE est déjà envahie par une équipe de soldats occupés à étaler le blé par rangées dans les nefs latérales.

A la lueur des bougies, M. Courtaux et M. Chapeck tristement regardent.

« Je me consolais, me disait, le jour même, « M. Courtaux, en pensant : enfin, s'ils mettent « ici des blessés, c'est qu'ils comptent bien que l'église ne sera pas détruite.

Vers deux heures du matin, le travail était à peu près terminé ; officier, aumônier, infirmiers quittent l'église.

M. l'abbé Courtaux et M. A. Chapeck ainsi délivrés, sortent à leur tour et, sans être inquiétés, rentrent, l'un au presbytère, l'autre chez lui.

Vers quatre heures du matin, la canonnade recommence.

Elle ne cessera qu'à dix heures du soir.

Est-ce le canon qui m'éveilla ? En tout cas, je me lève, à 4 heures, avec l'impression très confuse de ce qui s'est passé la nuit.

J'ai hâte d'avoir quelque précision.

En quelques mots, M. l'abbé Courtaux me met au courant.

— « Reposez-vous, lui dis-je, je vais à l'église. »

Quelques minutes après, j'y étais. Je trouve un jeune infirmier occupé aux derniers arrangements des lits de paille.

Je puis échanger avec lui quelques mots et j'apprends qu'un très grand nombre de blessés vont arriver.

— « Pensez-vous qu'on en mette dans toute « l'église ? »

— « Oui, dans toute l'église. »

Ma résolution a été vite prise : il faut que toutes les chaises soient ramassées et empilées entre les piliers, pour laisser libre la grande nef, sinon les Allemands, tout à l'heure vont jeter toutes ces chaises dehors, et nous ne les reverrons plus.

Moins d'une demi-heure plus tard, la chaisière, aidée de plusieurs hommes de bonne volonté, était au travail, et, entre les piliers, s'élevaient deux hautes barricades de chaises auxquelles les Allemands ne touchèrent pas.

Il était temps.

A peine la nef était-elle libre qu'arrivaient de nouvelles voitures chargées de paille. Bientôt toute la surface de l'église en est couverte.

Dans la rue Dominé-de-Verzet se succèdent d'innombrables files de voitures d'ambulances qui, tour à tour, viennent jusqu'au portail déposer leurs blessés.

Il est cinq heures.

Je prévois que, si les Allemands ne m'interdisent pas l'exercice de mon ministère, je vais avoir fort à faire.

Je veux sans retard célébrer la Sainte Messe.

Mon brave sacristain est déjà revenu. Il m'a salué d'un cri de joie qui m'a ému jusqu'aux larmes : « Comment ! vous ici, M. le Curé ! Vous « êtes libre ? 'Ah ! je savais bien que le Bon « Dieu vous protégerait. »

Et nous nous embrassons.

Après ma messe, dite pour nos soldats qui combattent, là, tout près, et surtout pour ceux qui tombent sur le champ de bataille, je fais le tour de l'église. Déjà, les bas-côtés sont remplis de blessés.

On commence à en déposer sur les lits de paille de la grande nef.

Avant midi, j'en compterai 700, dont une

trentaine de français seulement, de l'infanterie coloniale.

Ai-je besoin de dire qu'ils m'attirent particulièrement ? Les pauvres enfants sont en pitoyable état !

Un tout petit gémit : « Maman ! » Je m'approche. Le pauvre enfant, tout sanglant, est aveugle, une balle lui a traversé les deux yeux.

De l'eau ! du pain ! c'est la supplication générale.

D'accord avec M. Courtaux, j'organise immédiatement le service de charité possible en faisant appel à tous les dévouements sur lesquels je savais pouvoir compter.

TOUT LE MONDE A L'ŒUVRE

CE fut vraiment la mobilisation de toutes les bonnes volontés.

J'ai dit comment, la veille, pour la réquisition imposée par l'ennemi, j'avais fait appel aux Membres de la Commission provisoire nommée le samedi, à l'Hôtel de Ville, avant l'arrivée des Allemands.

Ce sont les mêmes dévouements qui, pendant la grande détresse, vont se dépenser sans compter pour la défense de la Ville et la sauvegarde possible de ses intérêts.

Le lundi donc, aussitôt après la célébration du saint sacrifice de la messe, j'eus avec M. Paillard et M. Courtaux, une courte, mais très utile conférence.

En quelques mots je la résume :

1° N'oublions pas que nous sommes toujours otages, sur parole, c'est vrai, mais évidemment sous active et ombrageuse surveillance : l'ennemi a pris soin de nous en avertir : « vous êtes « toujours garants aux mêmes conditions : s'il « se commet un seul acte contre nos soldats, « vous serez immédiatement fusillés. »

Par conséquent, le premier usage à faire de notre demi-liberté, c'est de recommander à tous les habitants restés à Vitry, d'éviter, à tout prix, toute imprudence, toute discussion avec les Allemands. Il y va de la vie des otages, et des intérêts les plus importants de la ville.

Le mot d'ordre donné à quelques hommes — je crois bien que l'un de nous eut la malice d'ajouter : surtout à quelques femmes — sera bientôt transmis à tous les habitants.

2° Le moyen le plus sûr de nous faire respecter et d'obtenir de l'ennemi qu'il épargne et nos vies et nos biens, c'est de nous occuper des blessés. Si la bataille continue furieuse aujourd'hui comme hier, les Allemands, si orgueilleux soient-ils, seront bien obligés d'accepter nos services près des blessés qui déjà affluent.

Il est convenu que, pour ce service, nous allons faire appel à toutes les femmes de bonne volonté.

Sœur Cléry sera chargée de les grouper, de distribuer les rôles et de payer aux ouvrières un salaire convenable.

3° Les rues et les places de la ville sont déjà remplies de détritus et d'ordures de toutes sortes. Ici et là, quelques chevaux morts. En certains endroits, notamment sur la place et aux abords de l'église, c'est une puanteur insupportable.

Et puis, déjà, beaucoup de cadavres. L'autorité militaire allemande réquisitionne les civils pour les enterrer. Il faut organiser ce service qui va devenir considérable. Samedi dernier a été constitué un comité d'hygiène ; les Membres de la Commission qui ont été désignés pour assurer ce service s'en chargeront volontiers. Il faut le leur demander sans retard.

4° Mais avant tout il faut assurer la subsistance des habitants restés à Vitry.

Nous avons bien deux boulangeries ouvertes, celles de M. Mercier et de M. Duvert, et une boucherie, celle de M. Jonas-Cahen. Mais les Allemands ont tout envahi, tout accaparé. Ils entendent que les boulangeries ne travaillent que pour eux. Déjà les pauvres crient à la faim.

Je me charge de voir le Commandant de place et de réclamer qu'une partie du pain fabriqué et de la viande abattue soit réservée à la population civile.

Prendre toutes ces résolutions était facile.

Les mettre à exécution l'était beaucoup moins ; nous ne nous faisions, sur ce point, aucune illusion.

Mais nous comptions sur Dieu qui jusque-là

nous avait si visiblement protégés ; Dieu ne nous abandonna pas.

M. Courtaux et M. Paillard employèrent la matinée de concert avec M. Blin, M. du Mesnil, M. Claudon et autres Membres de la Commission, à l'organisation des différents services dont je viens de parler.

Quant à moi, je fais d'abord une visite à l'hôpital où les Sœurs de Charité me racontent qu'après avoir tremblé devant les Allemands qui les rendaient responsables du triste état dans lequel ils avaient trouvé l'hôpital, elles avaient enfin pu leur expliquer qu'elles étaient dans la maison seulement depuis quelques heures.

Les colères étaient tombées : les exigences se multipliaient ; mais la charité triomphait de tout.

Le P. Picard que je n'avais pas revu depuis le samedi soir, était resté fidèle au poste où il se dévouait depuis un mois.

En attendant qu'ils l'emprisonnent les Allemands semblaient l'ignorer. Il en profitait pour être tout à son ministère de charité près des mourants.

Je vais ensuite à l'ambulance ouverte, dès la veille, au Pensionnat de l'Immaculée -Conception. Elle était remplie de grands blessés, dont quelques-uns mourants.

Je confesse, j'administre le Sacrement de l'Extrême-Onction.

Les officiers allemands me regardent. Beaucoup me saluent. Tous me laissent passer.

VISION D'HORREUR !

OH ! le spectacle horrible de ces hommes déchiquetés par notre "75", amenés directement de la bataille dans ces ambulances improvisées à la hâte et déjà encombrées !

De tous les côtés la canonnade roulait son tonnerre, depuis 4 heures du matin.

Nous avions l'impression que nous étions enserrés dans un cercle de fer et de feu.

Avant que la bataille se concentre au sud-ouest de Vitry, sur la rive gauche de la Marne, pendant toute la matinée du Lundi 7 Septembre, comme la veille, des hauteurs environnantes, un formidable duel d'artillerie se livre au-dessus de la ville.

Aussi, effrayées par le vacarme infernal, et s'attendant, à tout instant, au bombardement de la ville elle-même, un certain nombre de personnes étaient descendues dans les caves. Celles du calorifère de l'église offraient un abri particulièrement sûr.

Vers 10 heures, le colonel qui présidait au service de santé me rencontre à l'ambulance du Pensionnat de l'Immaculée-Conception et m'ordonne de chercher de la paille pour l'organisation d'une nouvelle ambulance dans les locaux de l'Ecole Libre attenant au Pensionnat.

Je m'en défends d'abord. Nerveux il insiste.

Un ouvrier m'indique où l'on pourra trouver de
la paille.

Les blessés arrivent en masse, amenés sur
des voitures de toutes sortes : voitures d'ambulance régimentaire, charrettes, voitures à mois-
son et tombereaux.

L'Hôpital Général regorge déjà ; les cours sont
remplies de ces malheureux attendant sur les
brancards qu'on leur fasse une place dans des
salles déjà pleines.

A la Caisse d'Epargne était installé le poste
de triage. Après un pansement rapide et som-
maire, les moins blessés étaient immédiatement
expédiés par autos dans la direction de Châlons.

Ce service d'arrivage des blessés et de déchar-
gement des voitures qui les emportaient se faisait, par les brancardiers, avec un ordre mer-
veilleux et une méthode parfaite.

Mais pourtant, les Allemands n'avaient pas
tout prévu. Evidemment. ils ne s'attendaient pas
à une bataille si sanglante. Chirurgiens et infirmiers étaient en nombre absolument insuffisant.

Lamentablement, les blessés réclamaient
nourriture et pansement : et presque personne
pour leur porter secours.

C'est alors que, courant à la cave de l'église,
je dis aux personnes qui s'y abritaient : « Remon-
« tez, venez dans les ambulances ; là, je vous
« l'assure, vous n'entendrez plus le canon ! »

Je n'avais pas trop présumé des dévouements
auxquels je faisais appel et, comme je l'avais
prévu, les Allemands se gardèrent bien de re-

fuser le renfort qui leur arrivait, pour soigner leurs blessés. Je dis *leurs* blessés, car, ce jour-là et les jours suivants, très peu de blessés français nous furent amenés.

DANS LES AMBULANCES

IGNORANT complètement dans quelles conditions se prolongeait la bataille, nous en étions désolés. Nous aurions dû, au contraire, nous en réjouir : c'était la preuve que les Allemands ne *marchaient pas*, et qu'ils nous mentaient quand ils se proclamaient *vainqueurs*.

D'ailleurs, au regard du prêtre, en face de la mort qui frappe, il n'y a plus que des âmes, des âmes à sauver.

A mon grand étonnement, je remarque très vite que près de ces hommes qui portent sur leur ceinturon la fameuse formule : "*Gott mit uns*" : *Dieu est avec nous*, il n'y a pas de représentant de Dieu.

J'ai bien vu, le matin, un aumônier catholique qui, sans même daigner s'apercevoir de ma présence à la sacristie, — qu'étais-je pour lui, sinon un *vaincu ?* — a demandé ornements et vases sacrés pour sa messe. Du haut de la chaire, avant la messe, il avait adressé une allocution aux 700 blessés étendus dans l'église. Chaque matin, jusqu'au jeudi, je le verrai reparaître pour sa messe précédée d'une courte instruction.

Mais, dans la journée, que devient-il ? Où est-il ? Peut-être à quelque poste de secours, sur le champ de bataille.

En tout cas, près des blessés, dans nos ambulances, pas de prêtre allemand.

Et la plupart sont des catholiques bavarois.

— « Place vide, place libre, place à prendre : « prenons-là, dis-je à M. Courtaux. Si cela déplaît aux Allemands, ils sauront bien nous le « dire. »

Et vite le service religieux s'organise. De nos prêtres habitués l'un, M. l'abbé Poirson, accepte de se dévouer surtout aux ambulances du Pensionnat de l'Immaculée-Conception et de l'Ecole Libre. M. l'abbé Peuchot, dont le ministère est facilité par sa connaissance de la langue allemande ira surtout à l'Hôpital.

M. Courtaux dont l'activité fait face aux obligations des rôles les plus divers s'occupera surtout de l'ambulance de l'église.

Quant au curé, il sera un peu partout.

Et pendant quatre jours, ce fut dans ces conditions, l'exercice du ministère le plus intense près des mourants dont la reconnaissance s'affirma plus d'une fois de la façon la plus touchante, sous le regard plutôt bienveillant, je dois le reconnaître, des officiers allemands.

SERVICE D'HYGIÈNE ET DE VOIRIE

Entre temps, il fallait répondre aux injonctions du Commandant chargé de l'administion de la ville. C'était un commandant de gendarmerie du VIIIe Corps bavarois.

On n'avait pas perdu de vue les otages. Avant midi, M. Paillard recevait l'ordre de faire nettoyer la place et les rues principales.

Ceux qui ne l'ont pas vu de leurs yeux ne pourront jamais se représenter exactement l'état de saleté dans lequel les Allemands, en moins de deux jours ! avaient mis notre proprette petite ville : chevaux morts, boîtes de conserves, bouteilles vides et cassées par milliers ; aux abords des formations sanitaires, tas de pansements maculés de sang et de pus, reliefs infects de victuailles de toutes sórtes pillées et jetées en pleine rue par la gloutonnerie repue, etc., etc.

De tout cela se dégageait une puanteur à faire craindre la peste.

La place d'Armes surtout était hideuse.

C'était vraiment un travail d'Hercule qui était imposé à M. Paillard.

Pour l'exécuter il réclame des soldats. Naturellement le commandant les refuse. « Les sol- « dats sont pour la guerre. Cette besogne est « pour les civils. »

— « Allons-y, dis-je à M. Paillard ; faisons appel à des hommes de bonne volonté : nous en trouverons.

M. Claudon passe dans les maisons habitées des rues principales et prie les habitants de procéder au nettoyage de la rue et du trottoir, chacun en face de sa maison.

Pour le reste M. Courtaux se charge de recruter une équipe d'ouvriers. Moins d'une heure après, l'équipe armée des outils nécessaires était à l'œuvre, sous la direction de M. Vibet.

Une autre équipe, sous la direction de M. Maulandre était déjà occupée à creuser les fosses et à transporter les morts.

Oh ! les braves gens ! qui pendant toute la semaine d'occupation se dévouèrent à ces différents services, sans trêve ni repos.

Nous n'avions à notre disposition que deux chariots attelés chacun d'un seul cheval appartenant à M. Maréchal, le boueur.

C'est donc en s'attelant eux-mêmes à des charrettes à bras que ces hommes durent exécuter une grande partie du travail.

Aussi, chaque soir, quand ils se présentaient au presbytère pour recevoir le modeste salaire convenu, c'est avec une pleine conviction que je leur disais : « Jamais la ville ne pourra égaler « sa reconnaissance au service que vous lui ren- « dez, en enlevant aux Allemands. par votre « courage, tout prétexte d'injustice et de mesures « vexatoires. »

ET VIVRE ? ?

L'ORGANISATION du service d'hygiène et de voirie ainsi réglée, voici bien un autre souci. Comment assurer la subsistance de la population restée à Vitry ?

Le problème était d'autant plus difficile à résoudre que les Allemands étaient arrivés chez nous affamés. Ce trait que j'ai raconté de ces officiers qui, aussitôt après nous avoir arrêtés, me demandent du pain et le dévorent à belles dents le prouve bien.

Eux-mêmes nous avouèrent que leur ravitaillement se faisait mal.

J'ai dit que deux boulangeries seulement étaient restées ouvertes. Je dois réparer une erreur : une 3me, la boulangerie Pageaud continuait à fonctionner.

Hélas ! nos chances d'avoir du pain n'en étaient pas augmentées.

Les Allemands surveillaient la cuite de très près ; et les pains étaient happés au sortir du four.

J'avais sollicité et obtenu du commandant que dans chaque boulangerie, on put faire une réserve pour la population civile.

Mais entre promettre et tenir, pour les Allemands, il y a loin.

Sans pitié pour les femmes et les enfants qui pleuraient à la porte des boulangeries les soldats exigeaient, révolver au poing, qu'on leur livrat tout.

A la boulangerie Pageaud, un allemand, ayant soupçonné une réserve, perquisitionne et trouve un morceau de pain ; furieux il menace de son révolver le jeune garçon boulanger, et emporte le pain qu'il vient de découvrir.

A la boulangerie Mercier, plusieurs fois, M.

Courtaux et moi, nous intervenons en faveur de nos paroissiens. Je dois dire que ce ne fut pas toujours sans succès.

D'ailleurs les fours brûlent sans interruption et au risque de leur vie, les vaillantes boulangères usent de tous les expédients pour fournir quand même le pain nécessaire à la population.

Pour nous procurer, chaque jour, un peu de viande, la lutte fut peut-être plus vive encore, et les ruses plus variées. Mais enfin, grâce au dévouement de M. Jonas, boucher, et aux audaces de Sœur Cléry à l'hôpital, on put arracher aux Allemands à peu près le nécessaire.

Les derniers jours de l'occupation surtout, notre ravitaillement devint plus facile et plus régulier, grâce à un attentat dont je faillis être victime et qui me fournit l'occasion d'une entrevue très utile avec le Commandant.

LE SOIR DU 7 SEPTEMBRE

UNE VISITE

LE soir venu, les ouvriers des différentes équipes passent au presbytère. M. Courtaux les paie.

Une dernière fois, nous retournons à l'église.

Les blessés reposent. Dans le silence quelques gémissements étouffés. Les candélabres ont été éteints. Au milieu de l'église seulement, sur le banc-d'œuvre, quelques bougies.

Et, prosterné aux pieds de Notre-Seigneur

Jésus-Christ — Il n'a pas quitté son Tabernacle — je redis au divin Ami qui nous a si bien gardés en cette première partie de la tragédie dont Lui seul connaît la suite et la fin : Merci, bon Maître, plus que jamais, nous comptons sur Vous, mais aussi comptez sur nous : avec votre secours nous ferons, jusqu'au bout, notre devoir comme nos soldats qui, pour la France, tombent sur le champ de bataille.

Vers 9 heures, au moment où, après nous être entendus sur les moyens de perfectionner, le lendemain, nos diverses organisations, nous nous disposions à prendre quelque repos, un coup de sonnette... — « Qui peut venir à pareille heure ? Que nous veut-on ? »

Nous n'oubliions pas que nous étions toujours otages ; et dans nos cœurs ce fut une émotion qui en précipita les battements.

On ouvre. C'étaient deux réfugiés ; M. le curé de Marolles et sa domestique, âgée de 80 ans ! Et en quel état !... —

Restés seuls à Marolles, depuis deux jours, ils étaient en pleine bataille. Cependant le presbytère n'était pas trop endommagé.

Le Lundi, vers midi, un officier allemand ordonne à M. le curé de sortir.

— « Mais où irai-je ? »

— « Dehors, dans la rue. »

— « Pourquoi ? » — « Pour votre « sécourité.»

— « Je suis encore plus en sûreté chez moi « que dans la rue. »

— « Non, le village va être brûlé. »

Et à l'instant, les soldats, poussent dehors M. . le curé et sa domestique, sans leur permettre d'emporter quoi que ce soit ; ordre leur est donné de s'arrêter près de la maison qui fait face au presbytère.

Un soldat, baïonnette au canon se tient entre eux deux.

Moins d'une demi-heure après, M. le curé demande, avec motif à l'appui, l'autorisation de rentrer pour un instant dans la cour du presbytère.

Elle lui est accordée. Que voit-il ? Les soldats, sous la direction de l'officier expulseur, en train de piller le presbytère et de gâcher ce qui n'était pas à leur convenance.

« Pour votre « *sécourité* », avait dit l'Allemand.

M. le curé n'avait pas compris ; il comprenait maintenant.....

Et, jusqu'à 7 heures du soir, il dut subir les insolentes ironies des pillards.

Quelle fantaisie leur prit alors de lui rendre la liberté ?

En tout cas, ils lui signifient de partir et de se rendre à Vitry.

— « Mais les soldats vont nous arrêter ; don-« nez-nous un sauf-conduit ».

— « Vous n'en avez pas besoin, partez. »

Et après deux heures de marche à travers champs, évitant barrages de fils de fer, ils m'arrivaient exténués, portant dans leurs yeux le reflet des horreurs de la bataille et sur leurs traits la face des souffrances endurées depuis trois jours.

MARDI, 8 SEPTEMBRE

QUATRIÈME jour de l'occupation allemande, 4ᵉ jour de la bataille.

Interrompue, la veille, vers 10 heures du soir, la canonnade reprend plus violente que jamais dès 4 heures du matin.

8 Septembre : c'est la fête de la Nativité de la T. S. Vierge, c'est la fête patronale de Vitry.

A 4 heures 1/2, je célèbre la messe dans la chapelle de la Sainte-Vierge, isolée par une barricade de bancs et de chaises du reste de l'église où étaient entassés les blessés.

Je renouvelle mon vœu — je le dirai plus tard quand, l'épreuve terminée, sonnera l'heure de la reconnaissance — et mes supplications : Notre-Dame de France, sauvez la Nation si chère à votre cœur ! La France est votre royaume : elle ne peut périr ! Notre-Dame de Vitry, veillez sur vos enfants : sauvez-nous !

Avais-je le pressentiment, en jetant vers la bonne Mère ce cri de détresse, que cette journée, outre qu'elle devait dater le commencement de la victoire de la Marne, allait être marquée, pour moi, par les faits les plus tragiques ?

AU FEU !

JE descends de l'autel; on m'apprend que le feu vient d'éclater dans le quartier Saint-Germain, rue des Tanneurs.

Le feu ! — A-t-il été allumé par les obus ? — Est-ce un accident ? — ou bien, est-ce l'incendie de la ville qui commence ?

Avec M. Courtaux je cours. Déjà quelques hommes se trouvaient sur le théâtre de l'incendie s'essayant à la manœuvre de deux pompes, mais n'y réussissant guère : il n'y avait là, pour les guider, que quelques pompiers. (1)

Je demande : chez qui a commencé l'incendie ?

— Chez Madame Garnier.

— Comment? On me répond par des «*on dit*».

Le feu gagne. Les maisons s'effondrent. — Les poutres enflammées, en tombant contre les maisons de l'autre côté de la rue, menacent de propager l'incendie. — C'eût été un désastre. Le quartier tout entier aurait flambé. Et pour conjurer le danger, pompiers improvisés, nous avions beaucoup plus de bonne volonté que d'expérience.

Je saisis la lance et la dirige sur le point qui me paraît le plus menaçant: L'un de mes paroissiens quittant un instant le balancier s'approche et me dit : « Je voudrais avoir un appareil photographique... »

---

(1) Deux d'entre eux ayant revêtu leur uniforme pour courir au feu, furent arrêtés par les Allemands. Ordre de quitter leur uniforme. Pourquoi ? — Parce que c'était un habit de soldat.

En toute autre circonstance moins tragique c'eût été en effet plutôt étrange : le curé mué en pompier !

Habitués sans doute aux incendies qu'ils allumaient partout, depuis un mois, dans leur ruée de fer et de feu, les Allemands ne se souciaient nullement de notre détresse.

J'en aperçus un groupe — ils étaient cinq — arrêté à l'intersection de la rue des Tanneurs et des Hauts-Pas. Ils regardaient et riaient fort amusés.

Je passe la lance en d'autres mains et je vais droit au groupe.

— « Y en a-t-il un parmi vous qui parle fran-« çais ? » — « Moi, Monsieur », me répond l'un d'eux.

— « Très bien ; alors dites donc à vos camara-« des qu'au lieu de se moquer de nous ils feraient « mieux de nous aider à éteindre l'incendie. »

— « Nous voulons bien. Faites nous donner « des haches ; nous monterons sur le toit. »

En quelques minutes nos cinq Allemands sont armés et, grimpant sur le toit, ils se mettent à l'œuvre.

L'un empoigne la lance et en joue avec une dextérité de " professionnel ".

Les autres, à coups de hache font la part du feu.

Le spectacle de ces Allemands nous aidant à éteindre l'incendie n'était pas banal.

Ils ne descendirent que quand nous fûmes certains d'être maîtres du feu. Il était 9 heures.

Sans attendre, je leur avais fait monter du vin sur le toit. Il nous parut qu'ils n'étaient nullement indifférents à cette manière de reconnaître leur dévouement et de l'encourager.

Avant de les laisser aller nous les félicitons, M. Paillard et moi, de l'habileté non moins que de la force dont ils venaient de faire preuve.

Celui qui parlait français me répondit : « Nous « sommes pompiers à Munich ».

Décidément, la Providence se montrait bonne pour nous.

A LA CASERNE DE CAVALERIE

A peine avais-je quitté le théâtre de l'incendie qu'un officier allemand, abordant M. Paillard, lui ordonna de réquisitionner tous les hommes présents pour un travail urgent au quartier de cavalerie.

Il s'agissait de rentrer et de soustraire ainsi à la pluie qui commençait à tomber une énorme quantité de farine emportée de Sedan par auto-camions et déchargée dans la cour de la caserne.

M. Paillard refuse de réquisitionner les hommes qui l'entourent, en arguant de leur fatigue, et il fait remarquer à l'officier qu'il a assez de soldats sous la main pour ce travail.

L'Allemand se fâche, et d'un ton qui ne souffrait pas de réplique, il déclare à M. Paillard qu'il le réquisitionne lui-même. MM. Foureur, Directeur de l'Ecole publique des garçons, Goreuflot, Kauffmann, Diot, marbrier, Rigaut, de

la rue sainte Barbe, Richard de la rue des Tanneurs, sont eux aussi réquisitionnés.

Arrivés dans la cour de la caserne, ils commencent, sous le regard narquois des Allemands,
à rentrer les sacs de farine.

A l'officier qui brutalement les poussait à hâter
le travail M. Paillard répliqua : « J'ai trois fils à
« l'armée, l'un d'eux est officier ; s'il était en
« Allemagne, certainement il ne forcerait pas
« votre père à rentrer des sacs de farine. »

Cette observation parut toucher l'officier, car
immédiatement il ordonna à quatre soldats de
venir en aide aux civils.

La pluie tombait plus abondante.

La besogne n'avançait guère.

Les ordres se multipliaient. « Nous n'en pou-
« vons plus, dit M. Paillard, si vous ne nous
« donnez pas d'autres hommes, la farine sera
« perdue. »

Douze soldats sont commandés en renfort.

L'officier s'éloigne. M. Paillard et ses compagnons, à bout de forces, en profitent pour s'esquiver et rentrer chez eux.

AU COLLÈGE DES JEUNES FILLES

ET la bataille continuait. Dans mes notes
prises, en courant, je recueille cette impres-
« sion : Ce sera assurément, la plus grande
« bataille de la campagne. »

Hélas ! je ne pouvais prévoir que, 20 mois plus

tard, un officier français me dirait : « J'étais à la
« bataille de la Marne, là tout près, à Courde-
« manges, et j'arrive de la bataille de Verdun :
« la bataille de la Marne n'était rien !..... »

J'étais retourné dans les ambulances.

Les blessés arrivaient toujours plus nombreux. La rue Dominé-de-Verzet et la rue de
Vaux sont envahies par des longues files de
voitures qui les amènent.

Plus de places dans les formations sanitaires
déjà en exercice.

Il faut nécessairement en ouvrir d'autres.

Le chef du service de santé me fait chercher.
Je le rencontre à l'ambulance de l'École Libre,
rue des Dames.

« Indiquez-moi, me dit-il, un vaste local, tout
près. »

L'École libre regorge, toutes les salles du
Pensionnat sont occupées, les opérations se font
dans la chapelle où s'entassent les grands blessés.

J'indique le Collège des Jeunes Filles. Le chef
exige que je l'y accompagne.

Porte fermée. Je sonne. Personne dans la
maison. Colère de l'officier allemand qui menace
de faire enfoncer la porte.

Je le supplie d'avoir un peu de patience, et
j'envoie un jeune homme qui se trouvait là, à la
recherche de M. Kartès, ouvrier serrurier.

J'essaie, pour gagner du temps, de lier conversation : « Quelle bataille ! Pensez-vous qu'elle
« se prolonge encore ?... Que de victimes ! »

Pour toute réponse, des grognements d'une

colère qui monte, qui s'exaspère : « Qu'on en-
« fonce la porte ! Une barre de fer ! Un magasin
« de fer ! » La maison de M. Gérard était tout
près. L'officier y court. Je le suis essayant de le
calmer.

Les soldats remplissaient le magasin. Le
colonel les bouscule, se fait remettre une barre
de fer, l'emporte lui-même.

De loin je surveillais la porte du Collège.
J'aperçois M. Kartès ; déjà, la porte est ouverte.
J'en avertis l'officier ; furieux, il jette au milieu
de la rue la barre de fer dont il venait de s'em-
parer.

Le Collège se remplit de paille et, sur cette
paille, les Allemands entassent leurs blessés.

Le nombre en est si grand, que bientôt l'Ecole
Maternelle attenante au Collège est envahie.

De toutes les formations sanitaires — si toute-
fois on peut encore appeler de ce nom l'entasse-
ment de blessés jetés-là, pêle-mêle et abandonnés
sans soins — ce fut bien celle où l'esprit d'organisation des Allemands m'apparut le plus évidemment pris en défaut et absolument décon-
certé par les proportions et la prolongation de la
bataille.

Le soir venu, on amenait toujours de nouveaux blessés ; et personne pour les soigner ;
pas un médecin, pas un infirmier.

Les malheureux gémissaient, demandant à
boire, à manger ; personne pour leur en donner.

Je fais appel à la pitié et au dévouement des
Sœurs de Charité et de plusieurs dames, en par-

ticulier de Madame Hérard. Ni feu, ni lumière, ni pain, ni viande, rien ; tout était à organiser.

Enfin les Allemands apportent les choses les plus nécessaires, et vers 8 heures du soir, on put donner quelque nourriture aux blessés.

Pendant ce temps s'ouvrit, dans les mêmes conditions, une autre ambulance au Collège des Garçons.

Dans l'après-midi, un médecin allemand m'arrêtant à l'ambulance du Pensionnat de l'Immaculée-Conception me fit remarquer que mon brassard ne portait pas le timbre allemand, nécessaire pour lui donner sa valeur ; et il m'ordonna de faire apposer ce timbre, au bureau qui se trouvait tout près, à l'Ecole Libre.

De plus il exigea que, sans tarder, tous les brassards portés par les personnes travaillant dans les différents services que j'ai dit, fussent marqués du même timbre.

Il n'y avait qu'à se soumettre. Je chargeai M. Courtaux de recueillir tous les brassards et de les faire timbrer.

Quant au mien, à partir de ce moment, je le mis dans ma poche et il n'en sortit plus. Je ne fus nullement inquiété.

BOURSE OU LA VIE !

IL était 7 heures 1/2. Je venais de rentrer au presbytère qu'avait bien gardé toute la journée M. le Curé de Marolles, aidé par l'inscription

apposée sur la porte par les Allemands eux-
mêmes : « Les habitants — je traduis — de cette
maison sont employés dans les ambulances. »

M. Courtaux lui aussi était rentré. Les ouvriers
étaient payés.

La lampe allumée, j'étais à mon bureau, prenant quelques notes, quand j'entends de l'extérieur une voix criant : « Mossié ! Mossié ! » avec
accompagnement de coups violents frappés
contre les volets.

Sans défiance, pensant avoir affaire à un
Allemand qui désirait simplement un renseigne-
ment, j'ouvre fenêtre et contre-vent.

Je me trouve en face de deux soldats, qui, le
révolver braqué sur moi, m'ordonnent d'ouvrir.

Que faire ? Essayer de refermer la fenêtre,
c'est me faire abattre.

Ouvrir ? comment vais-je m'en tirer avec ces
bandits ?

A la grâce de Dieu ! Je leur dis : « Allez à la
porte, je vais ouvrir. »

Mais à peine la porte était-elle ouverte, que
les deux Allemands se précipitent et, me bousculant, pénètrent dans mon cabinet de travail.

Je ne fais qu'un bond et je me retrouve devant
mon bureau, leur criant en français : « Que me
« voulez-vous ? » — « De l'argent ! Nous voulons
« de l'argent ! » me répond en allemand, celui
qui était le plus près de moi.

Je ne comprends pas ! « Sortez d'ici ! »

M'appliquant alors son révolver entre les deux
yeux, celui qui était le plus près de moi me crie,

toujours en allemand : « Donnez-nous de l'argent « ou vous êtes mort ! »

Je recule et me débats, comme je puis. Le bandit me promène ainsi, le révolver sur le front, me criant toujours : « De l'argent ! » et moi répondant : « Je ne comprends pas ! »

Hélas ! je ne comprenais que trop. J'avais sur moi une certaine somme, pour le cas où, la ville bombardée ou incendiée, j'aurais été obligé de partir.

Je ne voulais livrer à ces bandits ni ma vie ni ma bourse.

Enfin le scélérat qui me tenait au bout de son révolver me crie en français : « *Porte-monhaie !* »

Je ne pouvais plus ne pas comprendre.

Une inspiration subite —j'en ai après coup remercié la Sainte-Vierge dont la fête s'achevait, pour moi, en pareil drame — je me mets à rire et, sans savoir ce que j'allais faire, n'ayant d'autre pensée que d'attirer les deux criminels hors de mon bureau, je leur dis en allemand : « Ah ! je comprends, « venez avec moi ! »

Persuadés que j'allais dans une autre pièce chercher de l'argent, ils me suivent.

Me voici dans le vestibule en face des deux brutes.

Que faire ? —Si j'essaie de m'esquiver par la porte ouvrant sur la cour intérieure, ils vont me tuer ; si j'ouvre la porte de la rue, de qui me réclamer ? La ville est remplie d'Allemands ; mes agresseurs vont être légion. Je tremblais à la fois de peur et de colère.

Mais la colère l'emporte, et, prenant en face des deux bandits le ton que prennent leurs officiers, je leur crie : « Comment ! misérables, vous « n'êtes pas honteux de vous attaquer à un prêtre, « pour le voler ! »

J'avais dit cela en français. Je termine en allemand : « *Ich bin Pastor von Vitry* » ! « Je suis « le curé de Vitry. » Et d'un geste de mes deux bras tendus, je leur montre ma soutane.

A ce mot, à ce geste, changement subit d'attitude chez les deux misérables.

Celui qui était le plus près de la porte s'écrie : « Oh ! Pastor ! »

Et ils détalent... —

M'ayant tenu en joue depuis leur entrée et ne m'ayant regardé que dans les yeux, je crois bien qu'ils n'avaient encore pas pris garde à ma soutane.

Précipitamment je verrouille la porte et je me rends à la salle à manger où l'on m'attendait.

Je tombe sur une chaise.

« Mais qu'avez-vous donc ? » me dit M. Courtaux. « Que vous êtes pâle ! Êtes-vous malade ? » — « Je viens de voir la mort... mais elle a passé... « voici ce qui vient de m'arriver... »

Et je raconte l'odieux attentat dont j'ai failli être victime.

J'aurais voulu courir, sans tarder, porter ma plainte au Commandant de place. Mais il était trop tard.

Je remis cette démarche au lendemain ; et,

avant de prendre quelque repos, je rédigeai pour m'en servir devant lui, une note relatant les circonstances exactes de cette brutale agression.

Jamais fin de journée ne me trouva plus reconnaissant envers la Très Sainte-Vierge ni plus confiant en sa maternelle protection.

MERCREDI, 9 SEPTEMBRE

JE lis, dans mes notes prises à la dérobée, soigneusement soustraites à l'ombrageuse curiosité des Allemands : « Encore et toujours la « bataille ; elle recommence à 5 heures. »

Les batteries françaises n'ont pas reculé ; notre "75" le grand effroi des Allemands, nous envoie la chanson bien rythmée des quatre coups de chacune de ses batteries.

Au saint autel, ma prière ne s'en unit que plus fervente et plus confiante à la prière de la divine Victime.

Toute cette journée et le lendemain, même surmenage, mêmes angoisses, lutte de tout instant pour arracher aux Allemands de quoi procurer à la population civile la nourriture nécessaire. On a dit que cela n'était pas difficile, puisqu'il ne restait à Vitry que de 100 à 200 personnes ! J'ai donné le chiffre en tête de mon carnet : il est exact.

Pour les petits enfants les mères, en pleurant, réclament du lait. Il y en a très peu, et les Allemands prétendent le réserver exclusivement pour leurs blessés. Ils se laissent cependant toucher par les Sœurs de Charité qui finissent par obtenir un peu de lait pour les petits enfants. Dans les ambulances le service se complique de plus en plus.

Sous la pression de menaces sans cesse renouvelées, il nous faut continuer le nettoyage, toujours à recommencer, des places et des rues encombrées de toutes sortes d'immondices.

La vaillante équipe d'ouvriers dont j'ai déjà parlé continue, en service commandé, le travail de transport et d'inhumation des morts, l'autorité militaire allemande refusant absolument d'affecter un seul soldat à cette besogne.

Le cimetière étant devenu inabordable à cause des schrapnells qui y tombent dru comme grêle, les Allemands, malgré nos protestations, nous forcent à ouvrir les tranchées et dans le cimetière de l'hôpital, et sur le bord du canal, rue de la Glacière, et jusque dans la cour de l'hôpital.

A propos de ce dernier emplacement surtout nous protestâmes énergiquement. Les Allemands ne voulurent rien entendre.

Quand la fosse destinée à recevoir 6 français fut creusée à 60 centimètres de profondeur, les Allemands ordonnèrent aux ouvriers d'arrêter le travail, déclarant que c'était suffisant.

M. l'Aumônier de l'Hôpital vient m'avertir.

J'accours, je discute ; bref, malgré colère et menaces des Allemands, j'ordonne aux ouvriers de creuser la fosse beaucoup plus profonde. Ils m'obéissent.

A LA COMMANDANTUR

De ces derniers jours de l'occupation, je veux simplement noter les principaux incidents.

L'attentat dont j'avais failli être victime, la veille, pouvait se renouveler contre quelqu'un de mes paroissiens.

Je devais agir.

Vers 8 heures du matin, je me rends chez le Commandant de gendarmerie qui s'était installé chez M. Gagon, rue des Tanneurs.

Je demande à le voir en particulier.

Le Commandant prévenu sort presqu'aussitôt entouré de plusieurs officiers.

En assez bon français il me dit : « M. le curé, que désirez-vous ? » — « Je désirerais avoir avec vous un entretien très court. Pouvez-vous me recevoir ? »

— « Oui, entrez. »

Et le Commandant, ayant congédié les officiers, me fit entrer dans la salle à manger transformée en bureau.

— « Veuillez vous asseoir » me dit le Commandant.

— « Merci, mais pas avant de vous avoir « exposé l'objet de ma démarche. »

« — Parlez lentement pour que je vous comprenne bien. »

— « Commandant, ce n'est plus de la guerre « qui se fait ici, c'est du brigandage !... »

A ce mot, brusquement redressant sa grande taille : « Comment ? M. le curé ! » me crie l'officier en colère.

— « Commandant, je vous en prie, écoutez-moi seulement deux minutes.

Et lentement, lui me témoignant, par signes, qu'il me suit et me comprend, je raconte l'attentat commis contre ma personne la veille au soir.

Quand j'eus fini, le commandant sans me dire un mot, sonne...

A l'instant paraissent trois officiers et un maréchal-des-logis de gendarmerie.

Aux premiers mots du commandant tous rectifièrent la position ; et, d'une voix de stentor, précipitant paroles et gestes, le commandant leur crie... quoi ? J'avoue que je ne compris rien.

Je me demandais, non sans inquiétude, si je n'étais pas l'objet de cette violente sortie et des ordres que donnait le commandant.

Nullement ; car, se retournant vers moi, le commandant me dit, d'une voix très adoucie : « M. le Curé, ce ne sont pas des soldats qui vous « ont fait ce mauvais coup ; ce sont des déser- « teurs qui quittent la bataille pour venir piller « en votre ville. Je donne les ordres les plus « rigoureux pour que les gendarmes les pour- « suivent et les chassent. Vous n'avez plus rien « à craindre ; vous pouvez être maintenant en « sécurité. »

— « Je vous remercie, Commandant ; mais je « voudrais avoir une autre garantie. Je suis « obligé d'être constamment dehors pour assurer

« une foule de services et en particulier, pour
« empêcher autant que possible, le pillage des
« magasins et des maisons. Vos soldats ignorent
« qui je suis ; je puis encore être inquiété. Je
« désire que vous me donniez un laissez passer
« signé de votre main. »

— « Asseyez-vous, écrivez-le vous-même.
« Ce lieutenant — et il me désigne l'un des offi-
« ciers présents le traduira en allemand, et je
« signerai. »

J'étais déjà assis à la table encombrée de
papiers.

Le commandant lui-même me prépare une
grande feuille qu'il plie en deux dans le sens de
la longueur.

D'un côté j'écris le laissez-passer.

Le lieutenant me succède et traduit en allemand.

Et sous cette traduction le commandant signe.

Voici ce laissez-passer. Je remplace seulement les lettres allemandes par des lettres ordi-
naires.

<table>
<tr><td>

Der Kommandeur der Feldgendar
merie VIII. A. K. befiehlt allen deut
schen Soldaten, den Inhaber dieses
Schreibens, den Herrn Pastor von
Vitry und die bei ihm befindlichen
Dienstmannschaften passieren zu
lassen.

Der Pastor von Vitry ist berech-
tigt zu allen Handlungen die not-
wendig sind zur Verpflegung und
Unterstützung der in Vitry-le-Fran
çois zurückgebliebenen Einwohner.

Vitry-le-François, 9. 9. 1914.

REUMRUT
Major.

</td><td>

KOMMANDEUR
DES
FELDGENDARMERIE-TRUPPS

VIII. ARMEEKORPS

Le Commandant de gendarmerie
ordonne aux soldats de laisser
passer le Curé-Archiprêtre et les
hommes à son service pour toutes
démarches et tous actes nécessaires
à la sauvegarde et à la subsistance
des habitants restés à Vitry-le-Fran-
çois.

</td></tr>
</table>

GARDE-DU-CORPS INESPÉRÉ

ENCHANTÉ du succès de ma démarche, j'allais me retirer, emportant le précieux laissez-passer.

Le commandant me retient, et, me montrant le maréchal-des-logis en portant la main sur ses galons : « Comment, dans votre armée, appelez-vous ce soldat ? » — « C'est un maréchal-des-logis. » — « Bien. Ce maréchal-des-logis est à votre disposition. Si vous avez besoin de lui, gardez-le près de vous. »

J'aurais rencontré mes deux bandits, je crois bien que je les aurais remerciés !...

Muni de mon laissez-passer, suivi du maréchal-des-logis, je me rends immédiatement à la boulangerie Mercier. Je trouve là toute une bande d'allemands qui crient, menacent, et, revolver au poing, exigent de Mme Mercier qu'elle leur livre le peu de pain qu'elle avait réservé pour les civils.

J'exhibe mon laissez-passer. Le maréchal-des-logis le lit.

Tout le monde disparaît.

Mme Mercier ayant essayé, plus d'une fois déjà, de me faire porter du pain n'y avait pas réussi ; les premiers Allemands que rencontrait la porteuse lui happaient le pain qu'elle essayait en vain de dissimuler.

Le service du pain, de la boulangerie au

presbytère, fut fait, pendant ces deux jours, par le maréchal-des-logis.

C'est lui aussi qui eut l'idée de remplacer, sur la porte du presbytère, l'inscription allemande : « *Les habitants de cette maison sont employés* « *dans les ambulances* », par cette autre plus protectrice encore : « *Poste de Gendarmerie du* « *VIIIe Corps d'Armée.* »

Et, en termes que je comprenais fort mal, il essaya de m'expliquer ce que j'entendais fort bien, c'est que ma maison serait encore mieux protégée contre les pillards.

Au même moment, m'arrive un homme réclamant aide et protection contre les soldats en train de piller un magasin de Nouveautés.

J'y cours accompagné du gendarme.

Le déménagement s'arrête. Le gendarme écrit à la craie sur la porte : « *Défense d'entrer.* »

Nous n'étions pas à vingt pas que j'aperçois d'autres soldats pénétrant dans le magasin, sous le regard bienveillant... des gendarmes.

Je dois dire cependant que, dans la journée, je vis les gendarmes poursuivant des groupes de traînards, les bousculant et les chassant, hors la ville, vers le champ de bataille.

DANS LA CAVE DE L'HOTEL-DE-VILLE

A 10 heures du matin, j'étais chez M. Jonas, boucher, qui, pendant ces tristes jours de l'occupation, lutta avec une énergie surhumaine contre le mal qui, moins d'un mois après, le conduisit au tombeau.

Je m'entendais avec lui pour la fourniture, coûte que coûte, aux habitants de Vitry, de quelques kilogrammes de viande.

Un allemand accourant de l'Hôtel-de-Ville m'ordonne de m'y rendre pour affaire très urgente.

Je le suis. Deux soldats, baïonnette au canon, m'y accueillent et me conduisent à un officier.

C'était fort peu rassurant. Qu'y a-t-il ? Que me veut-on ? — « La cave du calorifère, me dit l'officier, se remplit d'eau. Il faut tout de suite y porter remède. »

Je veux m'engager dans l'escalier. C'est l'obscurité complète. On allume une bougie. Suivi des deux soldats qui me poussent devant eux, je descends et constate que le tuyau qui amène l'eau dans la chaudière du calorifère a été crevé ; par qui ? certainement par un Allemand, puisqu'il n'y avait à l'Hôtel-de-Ville aucun habitant de Vitry ; comment ? en tout cas, par une très-large blessure l'eau giglait en un jet abondant. Déjà la fosse du calorifère était à moitié remplie.

Je ne m'attarde guère ; mes deux gardes-du-corps ne m'inspirant qu'une confiance très limitée.

Un ouvrier fut mandé aussitôt, qui facilement arrêta la fuite.

OFFICIERS ALLEMANDS
« FAISANT LA MONTRE »

JE passai le reste de la matinée dans les ambulances, attiré et retenu surtout par nos blessés français ; ils sont d'ailleurs en infime minorité. Je pus donc m'occuper aussi des blessés allemands.

Aussi bien, cela me semble-t-il nécessaire pour dissiper la défiance des Allemands. Quand je m'attarde près d'un Français, je sens que je suis épié, oh ! bien inutilement, certes : les pauvres enfants savent très peu de chose de la bataille, pas même, pour la plupart, le nom du pays où ils ont été blessés.

Ce même jour, 9 septembre, vers 11 heures, un incident qui faillit tourner au tragique. Je veux le conter : il peint si bien la mentalité de certains officiers allemands !

M. Paillard sortait de l'Hôtel-de-Ville, accompagné de son plus jeune fils âgé de 16 ans.

Deux officiers de hussards de la mort l'arrêtent et lui disent : « Monsieur Bourgmestre, il « nous faut deux montres de poche et un cou- « teau de luxe ; nous payons avec réquisition en « papier signé ».

M. Paillard leur répond que les magasins sont fermés et qu'il sera difficile de trouver ce qu'ils désirent. Il les conduit chez M. Amblard dont le magasin était ouvert et il demande qu'on leur donne ce qu'il y a de bien.

On présente aux officiers une carte sur laquelle sont attachés des couteaux comme les marchands forains en offrent au public.

Les couteaux sont repoussés dédaigneusement, et les officiers crient, en colère : « Oh ! non, pas ça ! » Ils sortent.

— « A la bijouterie voisine, leur dit-on, peut-« être trouverez-vous un couteau de luxe, avec « les montres. »

Le panneau inférieur du magasin de M. Dutertre était défoncé et, en se penchant un peu on apercevait les bottes des soldats allemands en train de piller.

Les officiers furieux se retournent alors vers M. Paillard et, avisant sa chaîne de montre, ils lui disent : « Eh bien ! vous, vous avez une « montre, donnez votre montre. »

— « Oh ! non, jamais !... vous êtes les plus « forts, vous pouvez me la prendre, mais je ne « vous la donne pas ! »

L'un des officiers prend alors la montre dans la poche du gilet et l'examine.

— « Vous le voyez, dit M. Paillard, cette « montre est ancienne ; elle n'a pas de cadran à « secondes. »

— « Eh bien ! votre fils a une montre. Donnez « votre montre. »

Le jeune homme, imitant le geste du père : « Non ! vous pouvez me la prendre. »

Pendant cette scène une foule de soldats pillards, chargés de pièces d'orfèvrerie et de chaussures volées dans un magasin voisin s'étaient arrêtés et formaient cercle. Il y avait là aussi quelques vitryats, parmi lesquels M. Nebout, négociant et M. Fauvée, employé de commerce.

M. Paillard indigné de l'audace de l'allemand et prenant résolument la défense de son fils, s e dresse devant l'officier et s'écrie : « Je vais porter « plainte à la gendarmerie ! »

— « Eh bien ! moi, je vous fusille ! » crie l'officier en saisissant M. Paillard par l'épaule et en lui braquant son revolver sous le menton.

Cette violence provoque un mouvement dans la foule ; et le fils de M. Paillard ayant courageusement repoussé le bras qui menaçait son père, l'allemand eut une seconde d'hésitation.

Il se retourna pour hurler après les pillards qui s'éloignaient chargés de butin : il leur ordonnait d'arrêter M. Paillard et son fils.

Les voleurs font la sourde-oreille.

Le père et le fils profitent de ee moment pour s'échapper prestement.

On ne les poursuivit pas ; mais les officiers de haute « Kultur » se dédommagèrent, quelques instants après, en « *faisant la montre* » de M. Hérard, ancien marchand de pianos, qui reçut, en échange, la fameuse « *réquisition en papier signé.* »

Non, vraiment, je ne vois pas un officier français « *faisant la montre* » au tournant d'une rue, dans une ville d'Allemagne !

LE PILLAGE

ET les Allemands réquisitionnaient et pillaient toujours.

Les Halles s'encombraient de marchandises de toutes sortes, de conserves alimentaires surtout.

Au pillage des magasins et de quelques maisons particulières dans les rues principales nous nous opposons de notre mieux.

Accompagné de mon gendarme, je réussis plus d'une fois à expulser les pillards et à leur faire déposer les paquets qu'ils emportaient.

M. Paillard, M. Claudon, d'autres encore, de leur côté faisaient, pour la sauvegarde de la propriété de leurs concitoyens, tout ce qu'ils pouvaient ; et ce ne fut pas toujours sans succès.

Que de fois, quand nous nous rencontrions, nous nous sommes redit : pourquoi faut-il que tant de maisons aient été abandonnées ! nous ne pouvons être partout.

Et surtout que de désordres humiliants auraient pu être évités, si l'autorité municipale avait été là avec son organisation de police ! les Allemands, loin de l'empêcher de faire son devoir, l'auraient certainement plutôt secondée.

Et donc, en dépit de nos efforts, les Allemands pillaient, saccageant, entassant pêle-mêle, ou jetant dans la rue objets d'alimentation, linge, vêtements, tout ce dont ils ne pouvaient faire usage immédiatement ou qu'ils ne pouvaient emporter.

Certains officiers même résistaient mal à la tentation qui sans doute est dans le sang de la race.

J'ai raconté la tentative des *« faiseurs de montre. »*

D'autres *« faisaient »* l'automobile. A preuve, le vol dont, cette fois, fut victime M. Paillard.

Vers 3 heures de l'après-midi, j'étais avec M. Courtaux, au Collège de jeunes filles, dans cette ambulance qui manquait absolument de tout.

M. Courtaux me quitte un instant pour rentrer au presbytère.

Une demi-heure après, me rencontrant dans la rue des Dames, tout ému, il me racontait ceci : « En rentrant au presbytère, j'y trouve un offi- « cier et deux soldats occupés à faire manœu- « vrer, pour la mise en route, le moteur de l'auto « de M. Paillard. »

Cette voiture après avoir servi, sur l'ordre des Allemands, à transporter le produit de la réquisition à l'Hôtel-de-Ville, avait été rentrée, d'accord d'ailleurs avec l'autorité militaire alle- mande, au presbytère où nous croyions qu'elle serait plus en sûreté.

« L'officier s'avance vers moi, continue M. « Courtaux, et me dit en allemand : *« Je prends « cette voiture. »*

« Et il monte immédiatement.

« Pendant que l'un des soldats ouvre les

« portes à deux battants, je discute avec l'officier
« et lui assure que l'auto est déjà réquisitionnée
« par l'autorité allemande de la localité.

« L'autre ne veut rien entendre. « Non !
« crie-t-il ; je prends la voiture ; je vais à
« La Chaussée ! »

« Et, malgré mes protestations, la voiture
« disparaît, emportant le délicat personnage.

« Et il ne s'en est fallu de rien, que moi-
« même, je ne fusse emmené à La Chaussée —
« et où ensuite ? — par un de ces... indésirables.

« Je sortais. Au moment même, passait un
« peloton de hussards. Le sous-officier m'ap-
« pelle, et il me demande le chemin de La
« Chaussée.

— « Je ne connais pas le pays lui dis-je en
« allemand. »

— « Je vais t'emmener : tu le connaîtras, me
« crie-t-il, arrogant, colère.

Je réplique : « Je suis déjà prisonnier ; ça
« m'est égal ! » Il n'insiste pas ; il donne un ordre
« et le peloton part au trot. »

Je félicite mon cher vicaire de sa patriotique
crânerie. Puis je lui conseille d'aller déclarer au
Commandant de place comment a disparu l'auto
et réclamer de lui un billet de réquisition.

Nous causions encore quand voici bien une
autre affaire.

L'EAU... LE FEU

ON vient m'avertir — qui ? je ne m'en souviens pas — que le canal se vide, que déjà le bief de Vitry est presque à sec et que les bateaux en stationnement — une cinquantaine — sont en grand danger. De fait les bateaux qui n'avaient personne à bord sombrèrent.

Les Allemands, me dit-on, commencent à s'irriter ; ils menacent de représailles, voulant voir dans ce fait un acte de malveillance de la population civile contre eux.

Que faire ? Où se trouve la cause du mal ?

M. Paillard me dit : « le plus sûr moyen de le « savoir c'est de demander à M. Petit, chef-can-« tonnier, de vouloir bien se rendre sur le canal « et de chercher où se produit la fuite. »

Ensemble nous allons trouver M. Petit qui, sans souci du danger — et il était grand, car là, tout près, la bataille faisait rage — accepte la mission que nous lui proposons.

Mais il demande qu'on lui donne quelques hommes pour l'accompagner afin de l'aider au travail qui s'imposera.

Je crus que la Providence m'offrait l'occasion de délivrer nos prisonniers civils que je venais de voir emmener à l'Hôtel-de-Ville, entre autres M. Chenu, jardinier-fleuriste arrêté, m'a-t-on dit, pour une réplique un peu vive à un officier, sur le théâtre de l'incendie de la rue des Tanneurs, et M. Dubois, employé chez M. Tison, arrêté pour un geste imprudent au cours d'une discussion avec les Allemands, à propos d'une réquisition de harnais.

Avant de nous rendre à l'Hôtel-de-Ville, nous allons jusqu'auprès de la gare, attirés par l'incendie de la maison de M. Varinot.

« En un instant, nous disent les personnes présentes, la maison fut toute en flammes. »

Accident? Malveillance? Un obus? Personne ne put nous dire la cause de cet incendie.

Les Allemands, très-occupés à enlever l'avoine des magasins militaires en face, n'y prêtaient aucune attention.

J'avoue que nous-mêmes nous étions plus préoccupés de l'eau qui fuyait que du feu qui dévorait cette maison isolée, sans secours possible.

Nous voici donc à l'Hôtel-de-Ville où nous trouvons nos pauvres prisonniers dans la petite salle de gauche en entrant.

Je parlemente avec les Allemands, réclamant plusieurs ouvriers, notamment M. Dubois, pour service nécessaire, urgent.

Et j'explique le cas.

On me répond que, sous ma responsabilité, M. Dubois, mis en liberté pour ce travail, devra être ramené à l'Hôtel-de-Ville, pour 5 heures.

Constatant qu'au lieu d'aboutir à l'améliorer,

j'allais compliquer la situation, d'accord avec M. Dubois lui-même, je n'insistai pas (1).

Bien vite M. Petit découvrit la cause de la mise à sec du bief de Vitry. C'était un simple accident de vannes en aval ouvertes alors qu'elles auraient dû être fermées.

Avec le concours de l'éclusier du Désert — écluse n° 1 du canal de la Marne à la Saône — on remet le bief à son tirant d'eau normal.

Un brave cet éclusier, et sa femme non moins vaillante.

Ils sont restés à leur poste dans des conditions qui exigeaient un véritable héroïsme.

L'écluse, isolée de la ville, au-delà du chemin de fer, était en plein dans la ligne de feu.

— « Vous n'aviez pas peur ? » leur demandait, quelques jours après la bataille, M. Berna, l'un des otages.

— « Non, vraiment, répondait l'éclusier, mais « tout de même, on n'était pas trop rassuré : les « obus sifflaient au-dessus de nos têtes. »

— « Oh ! ce n'est rien cela, insistait la vail- « lante femme. Les Allemands ne sont pas entrés « chez nous. On ne les reverra plus ; l'important « c'est que nous ayons la victoire ! »

---

(1) M. Dubois, emmené en Allemagne, vient d'être évacué et interné en Suisse. De Villars-sur-Ollon, il m'écrivait, il y a quelques jours : « Libéré des Allemands je vous envoie de Villars mes « remerciments pour vous être occupé de moi le 9 septembre, « pour me faire sortir de leurs griffes. »

J'écrivais cela au mois de juillet 1916. Depuis lors. M. Dubois rapatrié est rentré à Vitry.

JEUDI 10 SEPTEMBRE
ÉVACUATION DES BLESSÉS

Dès 4 heures du matin, reprise et continuation de l'infernal concert. Le terrifiant crescendo nous dit assez que les exécutants sont toujours là, tout près, sur les mêmes positions ; les allemands n'ont pas fait un pas en avant.

C'est le 6e jour de la bataille ; est-ce le dernier ? la victoire va-t-elle nous sourire ? Ah ! nous aurions payé cher le moindre *communiqué*.

Vers 6 heures, après ma messe, j'essayai de m'en faire donner un gratuitement par un officier allemand. Je n'y réussis guère.

A l'église grand remue ménage parmi les blessés qui s'y entassent. Un officier, de l'entrée du sanctuaire, a lancé quelques mots que je n'ai pas compris ; et, à l'instant, c'est un grouillement indescriptible dans toute l'église. Tous se lèvent ou font effort pour se lever. Ceux qui le peuvent se hâtent vers les portes qui ouvrent sur la place ; les plus valides soutenant les autres, quelques-uns se traînant ou s'aidant d'une chaise. J'en vis plusieurs qui n'étaient blessés qu'à la tête portant des camarades absolument incapables de se mouvoir.

Le spectacle était à la fois grotesque et touchant. J'ajouterais : et fort réjouissant si j'avais su que c'était le commencement de la retraite. J'en eus bien l'idée, mais je n'osais m'y arrêter.

Abordant un officier qui présidait à ce déménagement précipité, je lui demandai : « Que se « passe-t-il donc ? Pourquoi ces blessés quittent-« ils l'église ? »

Raide, flegmatique, il me répondit : « Parce « que d'autres plus gravement blessés vont « venir les remplacer. »

La continuation de la bataille et l'intensité croissante de la canonnade ne donnaient que trop de vraisemblance à cette réponse ; y croire ne fut pas naïveté de ma part.

Sur la place Royer-Collard et devant le grand portail s'étaient rangés d'immenses automobiles où, en quelques minutes, furent entassés les blessés.

Et le convoi défila par la rue de Vaux vers la route de Châlons.

Il ne resta à l'église qu'une centaine de blessés que leur état ne permettait pas d'évacuer.

Les malheureux manifestaient une inquiétude qui n'était pas pour nous déplaire ; mais nous n'osions nous en faire un motif d'espérance.

Dans nos rues, vers 10 heures du matin, s'arrêtèrent plusieurs batteries d'artillerie lourde se dirigeant en renfort vers le champ de bataille.

J'étais devant le portail de l'église, écoutant le tonnerre du canon, regardant, triste, la place encombrée de troupes se hâtant vers Blacy et vers la gare.

Et je pleurais... Je m'en aperçus quand un sergent, beau et grand gaillard, s'approchant de

moi, me dit, en un français très-pur c'était un
Messin, employé à Paris : « Vous êtes triste,
« M. le curé, vous pleurez ? Consolez-vous ; ce
« sera bientôt la fin ; cette bataille est la dernière
« de la guerre. Dans 4 ou 5 jours, nous serons à
« Paris ; et, à bref délai, la paix sera conclue. »

« — C'est votre sentiment, lui dis-je, ce n'est
« pas le mien. Vous devrez en rabattre de votre
« belle confiance. L'armée française vous donne
« en ce moment la mesure de sa force. Voilà
« 6 jours que nos soldats tiennent contre toutes
« vos attaques ; écoutez le canon, le nôtre, le
« vôtre ; vous n'avez pas avancé d'un pas : vous
« ne passerez pas. »

« — Allons-donc ! c'est le dernier effort, c'est
« la dernière résistance des désespérés ; demain
« nous marcherons... »

« — Non, vous ne passerez pas ! »

Et, tournant le dos à ce jeune lorrain que je
trouvais fort germanisé et dont la pitié sans
doute pour le pauvre curé dut redoubler, je
m'éloignai.

DÉCOUVERTE MACABRE

A ce moment d'ailleurs, l'un des braves ouvriers
occupés, depuis 6 jours, à enlever les morts
accourait vers moi et tout ému me disait :
« Oh ! M. le curé, quelle découverte ! » — « Quoi
« donc ? — « Un officier allemand vient de nous
« conduire à l'Hôtel des Voyageurs et, dans la

« chambre de droite, en entrant, il nous a montré
« un tas énorme de cadavres en pleine putréfac-
« tion ; il nous a ordonné de les enterrer. Mais
« c'est une puanteur insupportable ; impossible
« d'aborder. »

— « J'y vais. »

Spectacle horrible ! Entassés, depuis plusieurs jours déjà, les uns sur les autres, gonflés
par la dilatation des gaz, 17 cadavres avaient été
apportés là de l'ambulance voisine, Collège de
Jeunes Filles, par les infirmiers allemands. La
plupart étaient dépouillés de leurs vêtements.

Comment les enlever pour les enterrer ?

Il le fallait cependant, les Allemands se refusant à enterrer un seul des leurs.

Je fis donner à chacun des hommes qui, en
cette circonstance, poussèrent le dévouement
aux intérêts de la ville jusqu'à l'héroïsme, un
mouchoir blanc dont la Croix-Rouge fit les frais.

Chaque homme s'appliqua sur la bouche et
sur le nez ce mouchoir imbibé de lysol et s'en fit
ainsi une sorte de masque protecteur contre l'air
infecté.

Un drap étendu près de l'horrible pyramide
recevait le cadavre attiré sur lui.

On roulait, on chargeait et l'on transportait
au cimetière.

Ce macabre épisode, dans mes souvenirs,
restera toujours comme le fait le plus horrible
de la semaine tragique.

EST-CE LA FIN ?

A l'hôpital et dans toutes les ambulances, c'est une indicible agitation. A peine pansés, les blessés sont évacués, mais les vides sont immédiatement comblés par de nouveaux arrivants.

Le personnel du service sanitaire, médecins, chirurgiens et infirmiers, est absolument insuffisant.

Autour des Sœurs de charité dont le dévouement, jour et nuit, est au-dessus de tout éloge, se dépensent sans compter, en des prodiges d'activité, tout un groupe de dames qui forcent l'admiration des Allemands eux-mêmes.

Le jeudi, le médecin-chef me rencontrant au Pensionnat de la rue des Dames, me dit : « Je « tombe de fatigue... Je vous remercie de tout le « dévouement de ces dames pour nos blessés...»

Et me désignant l'une d'elles, il ajoute : « Cette « dame tout particulièrement, je veux, après la « guerre, la signaler à votre gouvernement. »

Je crus prudent de me contenter de sourire.

« Ne remarquez-vous pas, me dit, dans « l'après-midi, M. Courtaux, que les Allemands « deviennent plus nerveux, plus agités ? Les « chefs ont l'air inquiet et le ton plus dur encore « dans leurs ordres aux soldats. »

« — Oui, je l'ai remarqué ; c'est bon signe : la « bataille ne doit pas tourner à leur avantage : « espérons... »

En attendant, ici et là nous constatons, impuissants, que les pillards, comme s'ils voulaient jouir de leur reste, se font plus audacieux. Les voici qui opèrent jusque dans les maisons habitées : ainsi chez Mme Laporte, photographe, rue de Frignicourt.

A 9 heures, Mme Laporte s'absente quelques instants. En rentrant, elle trouve un soldat fouillant dans les meubles.

A la vue de la propriétaire, le voleur s'enfuit.

Mme Laporte le poursuit, crie...

Le bandit disparaît en se servant d'une échelle qu'il avait dressée contre une palissade qui sépare le jardin de Mme Laporte de celui de M. Robert, pharmacien.

Il laisse au pied de l'échelle une hache avec laquelle il venait de fracturer, dans la chambre de Mme Laporte, une armoire où il avait volé 1390 francs.

On a dit : « Cette race a dans le sang l'ins-« tinct, la passion, la manie du vol. »

Que de faits, dont nous fûmes témoins, justifient ce jugement !

Mais voici bien le comble.

Le mercredi, 9 septembre, plusieurs personnes, dont M. Nebout, négociant, voient sortir de l'église un soldat amputé des deux pieds.

Il se traînait péniblement, s'aidant d'un prie-Dieu à chaque main, en guise de béquilles.

Il traverse toute la place et se dirige vers le magasin de chaussures de M. Longuet.

Intrigués les témoins attendent sa sortie.

Il s'attarde. Enfin le voici, portant à son cou...
...un paquet bien ficelé de chaussures de diffétentes pointures.

Avoir perdu les deux pieds à la bataille : on ne pouvait que plaindre la victime.

Mais faire, en cet état, provision de chaussures pour sa famille, c'était du désintéressement que les Allemands trouvaient peut-être admirable, mais qui nous parut à nous, plutôt grotesque et répugnant.

A voir l'audace croissante des pillards, sous le regard plutôt bienveillant des gendarmes du VIIIe Corps bavarois, nous avions l'impression que la discipline se relâchait de plus en plus et que les nouvelles venues du champ de bataille n'y étaient pas pour rien.

Un fait entre cent autres.

Un groupe de soldats allemands venant de l'hôpital, infirmiers ? brancardiers ? s'arrêtèrent tout près de là, à l'intersection de la rue de la Petite-Sainte et de la rue de l'Arquebuse, devant la maison de Mme Marq, qui se dévouait aux blessés à l'hôpital.

Les bandits à coups de hache défoncent la porte.

M. Stauder qui se trouvait vis-à-vis, dans les magasins de M. Lambert-Boucher veut s'opposer à cette effraction, en leur disant que la propriétaire est là tout près, à l'hôpital, soignant les blessés, et qu'il va l'appeler.

Pour toute réponse, les pillards menacent le gêneur de l'assommer s'il insiste.

Par la brèche ouverte les voleurs pénètrent chez Mme Marq et descendent immédiatement à la cave.

En quelques instants fut fait le déménagement de tout ce qu'elle contenait.

Ce fut à l'hôpital, dans l'exercice de son dévouement, que Mme Marq apprit que sa maison venait d'être pillée, en reconnaissant sur nombre de bouteilles vides qui roulaient çà et là, la marque de son gendre, propriétaire et marchand de vin de Champagne.

Je ne connaissais pas encore ce fait quand le médecin-chef allemand me disait qu'il signalerait à notre gouvernement le dévouement de nos infirmières.

J'aurais pu lui répondre : « Avant tout — et nous ne demandons rien autre — défendez-donc à vos soldats de nous témoigner votre reconnaissance et la leur en mettant tout au pillage, même chez ceux dont vous admirez le dévouement.

DÉVOUEMENT ET DÉLICATESSE DE NOS OUVRIERS

CETTE journée du 10 septembre fut particulièrement dure pour l'équipe de nos braves ouvriers chargés d'enterrer les morts.

Leur dévouement ne connut pas de défaillance.

Et quand il s'agissait de l'enterrement d'un Français, ce dévouement eut des délicatesses vraiment touchantes.

Nous n'avions point de cercueils. Le temps et tous les moyens nous manquaient pour assurer ce témoignage de notre religieux respect à la dépouille mortelle de nos soldats morts pour la patrie.

D'ailleurs, l'aurions-nous essayé pour les nôtres, les Allemands s'y seraient certainement opposés, du moment que nous ne pouvions le faire pour les leurs beaucoup plus nombreux.

Mais avec quel soin nos ouvriers y suppléaient autant qu'il était en eux !

Pour nos soldats les draps les plus beaux.

Pour les y envelopper des précautions et des gestes comme maternels.

Leur médaille bien placée sur la poitrine.

Leur chapelet — car presque tous, ils en avaient un — entrelacé dans leurs doigts.

Un jour, je vis l'un de ces ouvriers se pencher sur le cadavre qui allait être descendu dans la tranchée et déposer sur son front un long baiser.

Je ne pus cacher mon émotion ni taire mon admiration.

« Toujours, me dit ce brave homme, quand « c'est un soldat français, je l'embrasse, pour sa « famille absente. »

Je m'éloignai... je pleurais.

Au geste et à la réponse de cet homme du peuple, venait de passer devant mes yeux la radieuse et sublime vision de l'âme française et chrétienne, dans toute sa grandeur et sa noblesse, avec toutes ses générosités et ses délicatesses.

Et je disais : « Mon Dieu, sauvez la France ! jusque dans le moindre de ses enfants elle est si belle ! »

PREMIER COMMUNIQUÉ
DE VICTOIRE

Nous ne savions toujours rien de la bataille sinon que les Allemands, malgré la puissance formidable de leur artillerie recevant sans cesse de nouveaux renforts, restaient accrochés et piétinaient sur place, sans avancer d'un pas.

C'était assez pour ouvrir nos cœurs à toutes les espérances.

Vers 10 heures, M. Arbeaumont, resté vaillamment chez lui, au-delà de la gare, en plein champ de bataille, peut venir en ville.

C'est lui qui nous donne le *premier Communiqué* sur la bataille : sa maison a reçu un obus. Tout près, la maison de M. Valentin a été coupée en deux. Plusieurs maisons ouvrières ont été fortement endommagées. La Cimenterie, les usines Lamort et Charnoz ont beaucoup souffert du bombardement. La maison de M. Brulé est presque complètement démolie...

Mais nous étions bien dans le vrai en pensant que sur tout ce secteur l'effort des Allemands, depuis six jours, se brisait, impuissant, contre l'héroïque résistance de nos soldats.

Donc, confiance ! bon espoir !

Vers 16 heures, après quelques heures d'accalmie relative, la canonnade redouble d'intensité, et l'on entend distinctement le tir des mitrailleuses.

Cela dura à peu près trois heures. Puis, vers 19 heures, ce fut le silence presque complet.

Que se passait-il ?

A l'hôpital, les Allemands triomphaient et poussaient des hourras de victoire. On venait de leur dire que les Français étaient en déroute.

En réalité la bataille se terminait sur notre secteur.

Et c'était la victoire de la Marne ! Mais nous n'osions y croire.

Les officiers allemands se rendaient-ils compte eux-mêmes de la défaite de leurs armées ?

En tout cas, vers 18 heures, au moment où, revenant des ambulances, je rentrais, pour un instant, au presbytère, un officier allemand m'ordonne, très poliment d'ailleurs, de faire ouvrir les portes des principales maisons de la rue Dominé-de-Verzet.

.— « Pourquoi ? » lui dis-je.

— « Parce que plusieurs officiers supérieurs « vont venir se reposer et passer la nuit ici. »

Je dus m'exécuter et mander notre dévoué serrurier, M. Kartès.

J'accompagnai l'officier dans la visite des maisons ouvertes et lui recommandai de prendre soin qu'elles n'aient nullement à souffrir de cette réquisition.

— « Ne craignez rien, me répondit l'officier, « ceux qui vont venir coucher ici sont gens très « convenables, et les chambres seront laissées « par eux dans l'état où ils les auront trouvées. »

De fait, vers 21 heures, arrivaient les officiers annoncés.

L'un d'eux prit gîte au presbytère : et il comptait si bien se reposer toute la nuit qu'il dit, en prenant possession de la chambre : « Que « c'est bon de pouvoir enfin se reposer et dormir « dans un lit ! Il y a 3 jours que je couche dans « les fossés. »

Et, rogue, il ajouta :

« Oh ! que c'est triste, la guerre ! L'Allemagne « ne voulait pas la guerre. C'est l'Angleterre qui « l'a voulue... vous pouvez dire merci aux « Anglais. »

« Ce n'était pas l'heure de discuter. Mais, la porte fermée, nous nous disions : « Quelle « mentalité ! Toujours le même mensonge. C'est « bien là l'effort d'autosuggestion du criminel « essayant de rejeter sur sa victime la respon- « sabilité des conséquences horribles de son « forfait. »

LA RETRAITE

C'EST à minuit, a-t-on dit, que fut donné aux troupes allemandes l'ordre de la retraite.

Pour Vitry le fait est exact. A minuit exacte- ment, coup de sonnette au presbytère, et, au même instant, dans toutes les maisons où les officiers avaient pris gîte.

Le soldat qui venait réveiller mon hôte indésirable, après s'être fait indiquer la chambre, d'un geste et d'un mot, ordonna à la personne qui l'avait guidé de se retirer.

Il ne voulait pas être entendu, et pour cause.

Moins de 10 minutes après l'officier avait disparu.

Et, à l'heure même, commençaient à défiler, dans nos rues, en masses compactes, les troupes en retraite.

Retraite rapide, mais s'exécutant avec ordre. Ce ne fut pas, chez nous la débandade, la déroute et l'affolement dont Châlons fut témoin.

A 6 heures du matin, il n'y avait plus à l'hôpital et dans les ambulances que les grands blessés qui n'étaient pas transportables — à peu près 500.

Quand, constatant que toutes les troupes prenaient la direction de Châlons, je me rendis compte que c'était vraiment la retraite, je recommandai et fis recommander à tous mes paroissiens restés à Vitry, de contenir l'explosion de leur joie et d'affecter plutôt l'indifférence.

Je craignais qu'il ne se produisît quelque incident de nature à provoquer la colère des vaincus et à nous perdre, car nous étions encore à leur merci.

Tout le monde comprit cette recommandation. Un homme cependant, pour ne l'avoir pas suivie aussi bien qu'il l'eût fallu, provoqua de la

part d'un cavalier, cette menace : « Avant quinze
« jours, nous serons revenus ici ! »

La retraite continue nullement inquiétée.

Les rangs s'éclaircissent, les unités s'espa-
cent. Voici bientôt les arrière-gardes.

A 8 heures, ne traînaient plus à l'arrière, que
des groupes, qui me semblaient bien n'attendre
que l'occasion favorable pour se rendre prison-
siers.

Et les soldats français ne paraissaient pas.
Pas un coup de fusil, pas un coup de canon.

Vers 7 heures 1/2, j'étais à l'ambulance de la
rue des Dames, n° 3.

Là, je rencontre le médecin-chef allemand,
présidant à l'évacuation des derniers blessés.

Il me prie de recommander ceux qu'il ne peut
emmener au service de santé français.

Il laisse un médecin-major avec un aide et
sept infirmiers.

A cette ambulance se trouvait un jeune
lieutenant français blessé à la poitrine.

Près de lui un commandant allemand très
gravement blessé.

Quand le médecin-chef fut parti, je dis au
lieutenant, sans me préoccuper du « Rittmeister »
allemand :

« N'êtes-vous pas, comme moi, très étonné
« de ce qui se passe ? Voilà les Allemands partis
« et pas un soldat français n'a encore paru. Vous
« êtes, ici, de tous les blessés français le plus
« haut gradé. Il faut absolument avertir nos
« chefs ; mais comment ? »

— « J'y ai pensé, M. le curé, me répondit le
« lieutenant, et voici une lettre qu'il faudrait,
« coûte que coûte, faire tenir au premier officier
« français qui approchera de Vitry.»

« Voulez-vous vous en charger ? »

— « Volontiers. »

Et le lieutenant me remit la lettre dont je pris
copie.

La voici :

Vitry-le-François, 11 Septembre 1914.
6 heures.

Vitry est évacué par les Allemands depuis cinq heures.
La ville regorge de blessés, allemands et français. Parmi eux
un "Rittmeister" et son ordonnance.
Il ne reste qu'un médecin-major et sept infirmiers.
Avant de partir, les autorités allemandes ont insisté pour qu'il
ne soit fait aux leurs aucun mal.

L'Officier le plus ancien,

Lieutenant M. DE BOURGUESDON
du 21ᵉ d'Infanterie Coloniale,
blessé.

Mais à qui et comment faire parvenir cette
lettre ?

Je m'en vais sur la route de Blacy avec l'espoir de rencontrer une patrouille française.

9 heures ; rien encore.

Enfin ! les voici ! les voici ! me crie-t-on d'un
groupe de femmes qui, elles, aussi, attendaient,
les mains chargées de fleurs.

Par le quai Saint-Germain, arrivait, venant
du côté de la gare, une patrouille de chasseurs
à cheval, commandée par un maréchal-des-
logis.

Vite, je lui donne les renseignements utiles et je lui remets la lettre portant en suscription : « *Au premier Officier Français qui s'approchera* « *de Vitry-le-François.* »

La patrouille fait demi-tour et s'éloigne au galop du côté de Blacy.

JOYEUSE ATTENTE

JE rentre en ville et reviens à l'ambulance de la rue des Dames, n° 3, où il me tardait d'annoncer au lieutenant de Bourguesdon que j'avais pu faire parvenir sa lettre à son adresse.

Et confiants, joyeux, nous attendons.

En attendant, prêtres, sœurs de Saint-Vincent-de-Paul et sœurs de Bon-Secours, secondés par tous les dévouements qui, depuis 8 jours, se dépensaient sans compter, nous continuons à travailler dans les différents services d'hygiène et de charité que j'ai dits.

Vers 10 heures du matin seulement j'appris que nous n'étions pas les seuls, le lieutenant de Bourguesdon et moi, à nous être préoccupés de faire connaître à nos chefs ce qui se passait à Vitry.

Vers 6 heures du matin, se rencontraient sur la Place d'Armes MM. Fierfort, Claudon, Delacour et Nebout.

En vrais patriotes et en gens très-pratiques, ils décident qu'il faut absolument que nos chefs soient avertis au plus vite.

Mais comment? Par qui?

Par nous, disent MM. Fierfort et Nebout.

Et les voilà partis, MM. Fierfort et Delacour du côté de la gare, pour, de là, se diriger vers Frignicourt.

M. Nebout, accompagné des jeunes Delacour, 13 et 14 ans, se dirige, par la route nationale de Paris, vers Blacy.

Arrivés à la gare MM. Fierfort et Delacour durent rebrousser chemin. Les Allemands occupaient le pont du passage supérieur. Insister pour passer quand même, c'était la mort certaine. Ce n'était pas le moment de mourir.

M. Nebout et ses deux jeunes compagnons furent plus heureux et parvinrent jusque dans nos lignes. Ils durent cependant modifier l'itinéraire projeté.

Au sortir de la ville ils se heurtent à un groupe de uhlans préparant des mines pour faire sauter le pont sur le bras de la Marne qui alimente le bief du moulin (1).

Prudemment, M. Nebout et ses compagnons font demi-tour et longent, par le quai Saint-Germain d'abord, puis à travers le Bois-Bodé, la rive droite de la Marne.

---

(1) Les Allemands ne firent pas sauter ce pont. Pourquoi? Espéraient-ils revenir?

Très émouvant le récit que nous fit, quelques jours après, M. Nebout, des péripéties de la mission dont son patriotisme avait eu l'initiative et que son courage mena à bonne fin :

Au sortir du Bois Bodé, dit-il, nous fûmes arrêtés par le chaos de démolitions du pont du chemin de fer que le génie français avait fait sauter huit jours auparavant.

Nous passons quand même. Tranchées, cadavres d'hommes et de chevaux, monceaux d'armes et de munitions abandonnées : c'est déjà le champ de bataille avec ses horreurs.

Nous croisons, en allant, un grand nombre d'allemands qui, attardés, le dos courbé, fuient précipitamment vers Vitry.

Mes jeunes compagnons étaient fort intéressés par tout ce qu'ils voyaient. Je les supplie de ne rien dire, de ne rien toucher, de s'abstenir de tout geste qui pourrait attirer sur nous l'attention des Allemands.

En passant près du château de M. Delaine, nous voyons épars dans la prairie, meubles, linge, literie.

Encore des tranchées. Nous arrivons à Frignicourt en feu. La route est barrée ; il nous faut passer sur les ruines fumantes d'une maison incendiée.

Nous voici au pont de la Marne. Il est garni de fils de fer barbelés dans lesquels restent engagés les cadavres de plusieurs soldats de la 2ᵉ division coloniale. Nous nous découvrons respectueusement ; une prière jaillit de notre cœur pour ces héros tombés au champ d'honneur. A partir de là, d'ailleurs, à chaque pas, à droite, à gauche gisent des morts appartenant aux différents régiments de cette 2ᵉ division coloniale, au 107ᵉ d'infanterie, et autres. Enfin ! Une sentinelle avancée, là-bas, dans les grandes herbes, sur le bord de la Marne.

Quelle joie de revoir l'uniforme de nos soldats !

La sentinelle nous fait signe d'arrêter. Nous parlementons à distance. Je lui crie que j'apporte une bonne nouvelle. Nous approchons. J'expose ma mission. Je la croyais terminée. Nullement. Ce soldat nous envoie à un autre petit soldat ; celui-ci à un autre encore, qui nous conduit au sergent, chef de ce poste avancé.

Défiant, le sergent nous fait conduire par deux soldats, baïonnette au canon, au gourbi d'un lieutenant qui m'interroge à fond.

Et, pour la troisième fois, je recommence mon récit.

Il faut croire que mon cas paraît bien extraordinaire : personne ne voulait me croire ; et je lisais dans les yeux le soupçon d'espionnage.

Le lieutenant me réclame des pièces d'identité. Y avais-je songé, dans la folle joie de la délivrance ?

Heureusement je trouve dans mes poches une carte d'électeur et un laissez-passer qui m'avait été délivré par l'autorité militaire quelques jours avant l'occupation de Vitry par les Allemands.

L'officier plus confiant me félicite de mon courage et me fait comprendre à quels dangers je m'étais exposé.

Puis, sous la pluie, à travers les cadavres, on me conduit près du capitaine qui était entrain de déjeuner dans son terrier, assis sur ses talons.

Répétition de mon récit que je réédite encore chez le commandant remplaçant le colonel blessé.

Excellent accueil.

Enfin nous voici près du général... à Blaise-sous-Arzillières.

Le général, son état-major et divers services étaient installés sous un hangar.

A nouveau il me faut produire mes pièces d'identité. Le général m'interroge immédiatement sur le motif qui m'amène, sur l'occupation de Vitry par les Allemands, sur l'impression des habitants pendant la bataille, sur le pillage de la ville, etc.

Puis, à l'un de ses officiers, un capitaine, il dicte, en ma présence, un rapport sur la retraite des Allemands, l'abandon d'un grand nombre de leurs blessés dans les différentes ambulances de Vitry, la préparation par les Allemands de mines pour faire sauter le pont sur la Marne, le pillage organisé des magasins et de quelques maisons particulières par des soldats portant le brassard de la Croix-Rouge. etc., etc.

Après quoi, le général nous serre la main, nous félicite de notre courage, mais non de notre prudence : « Vous avez couru de grands risques, nous dit-il, l'en-« nemi pouvait vous abattre, vous pouviez aussi tomber « atteints par nos projectiles. »

Nous étions exténués — le général le remarqua et nous fit servir de quoi nous restaurer.

Puis, nous primes congé, joyeux, reconnaissants ; et vers une heure et demie, nous rentrions à Vitry précédés et suivis par des chasseurs à cheval qui, aux abords de la ville, firent un certain nombre de prisonniers.

ENTRÉE DES TROUPES FRANÇAISES A VITRY

Le gros de l'armée française qui, depuis le 6 septembre, combattait sur notre secteur et, pour sa part, venait de contribuer à la victoire de la Marne, entrait à Vitry vers 10 heures du soir, le vendredi 11 septembre.

Mais aucun corps ne s'y arrêta. Nos régiments se hâtaient à la poursuite des Allemands.

Dès le vendredi, dans l'après-midi, je pris soin que les blessés, français et allemands qui se trouvaient encore dans l'église fussent évacués à l'hôpital. Puis je fis enlever la paille souillée de sang, mêlée de débris de victuailles de toutes sortes. On en chargea deux chariots.

Le samedi matin, fut amenée une pompe à incendie qui, à l'intérieur et à l'extérieur de l'église, manœuvra, ce jour-là et encore le lundi, pour le grand nettoyage. Malgré cela, plus de quinze jours après n'avait pas encore disparu l'odeur écœurante dont l'église était infectée.

Le samedi 12 septembre, vers 9 heures, je surveillais ce travail, à l'église, quand entra un général qui parut s'y intéresser.

— « Quelle a été votre impression, me de-
« manda-t-il, au départ des Allemands ? »

— « L'impression d'une retraite et non d'une
« fuite. Et je crois, général, que vous devez vous
« attendre, quand vous reprendrez contact, à des
« heurts formidables. »

— « C'est mon impression, à moi aussi » répondit le général.

Je ne savais pas, pour ma part, à quel point les évènements devaient justifier cette impression et ces prévisions.

* * *

Les Allemands partis, nos cœurs libérés de l'angoisse qui les étreignait depuis huit jours, nos vies désormais en sécurité, la ville debout, sauvée, commençait pour le curé et pour ceux qui, avec lui, avaient risqué leur vie et s'étaient dévoués sans compter, pour la sauvegarde des intérêts de la ville, une phase nouvelle où nous attendaient les devoirs les plus compliqués, voire même les luttes les plus pénibles.

En ferai-je un jour le récit ? Oui, si cela devient nécessaire. Au jour le jour j'ai pris mes notes. En tout cas ce n'est pas l'heure de les publier.

Après trois ans de guerre c'est l'heure de resserrer, entre concitoyens surtout, les liens qui doivent unir tous les Français dans l'amour de la Patrie.

C'est l'heure de la reconnaissance à Dieu qui, au cours de ces trois ans, a donné maintes fois, à la France l'éclatant témoignage de sa prédilection.

C'est l'heure de la prière plus ardente, plus confiante.

Les interventions prodigieuses de la Providence, à la bataille de la Marne et à Verdun, ne crient-elles pas : CONFIANCE ! Dieu veut sauver la France, et IL la sauvera ! Mais prions !

C'est l'heure donc de l'action de grâces, de la confiance et de la prière, mais aussi de tous les sacrifices exigés par « *l'Union sacrée.* »

Voilà pourquoi je clos ici — je désire que ce soit définitivement — mon carnet de guerre.

Et je veux que mon dernier mot résume toute ma gratitude à Dieu et ma joie de vivre pour me dévouer à vos âmes, à vos familles, à ma Patrie :

VIVE DIEU !

et

VIVE LA FRANCE !

L. NOTTIN.

Table des Matières

VITRY-LE-FRANÇOIS — IMPRIMERIE CENTRALE — 21, Petite Rue de Frignicourt, 21 — 1917

www.ingramcontent.com/pod-product-compliance
Ingram Content Group UK Ltd.
Pitfield, Milton Keynes, MK11 3LW, UK
UKHW022238120726
13694UKWH00003B/875